Max Beckmann
Die Hölle, 1919

1 Max Beckmann, Großes Selbstbildnis, 1919, Kat. 82

Kupferstichkabinett Berlin
Staatliche Museen
Preußischer Kulturbesitz

Max Beckmann
Die Hölle, 1919

21. 10. – 18. 12. 1983
Ausstellung und Katalog
Alexander Dückers

© 1983 Kupferstichkabinett Berlin
Staatliche Museen Preußischer Kulturbesitz
(Katalog)

© Dr. Peter Beckmann, Murnau/Obb.
(Max Beckmann, Schöpferische Konfession)

Layout (Umschlag des Katalogs und Plakat):
Wieland Schütz

Gesamtherstellung:
Druckerei Albert Hentrich, Berlin

Printed in Germany
ISBN 3 88609-099-X

Abb. auf dem Umschlag:
Beckmann, Die Hölle, 1919, Titelblatt (Kat. Nr. 67)

Inhalt

Leihgeber

Privatsammlung Hans Pels-Leusden, Berlin
Kunstarchiv Arntz, Haag/Obb.
Kunstbibliothek Berlin
Staatliche Museen Preußischer Kulturbesitz
Ostdeutsche Galerie Regensburg

Mehrere private Leihgeber, die sich für die Dauer der
Ausstellung von gewichtigen Werken Max Beckmanns
getrennt haben, möchten ungenannt bleiben.

Zur Dokumentation des politischen Geschehens in
Deutschland in der Zeit von November 1918 bis zum
Frühjahr 1919 stellte die Galerie Wolfgang Thiede,
Berlin, eine größere Zahl von Flugblättern und illu-
strierten Zeitschriften zur Verfügung. Die ausgestellten
Fotos sind Leihgaben des Bildarchivs Preußischer Kul-
turbesitz sowie des Ullstein Bilderdienstes, beide Berlin.

Allen Leihgebern, deren Großzügigkeit das Gesicht der
Ausstellung in besonderer Weise prägt, gilt der herzliche
Dank des Kupferstichkabinetts.

Vorbemerkung

Zur Erläuterung von Beckmanns Zyklus „Die Hölle"
werden neben druckgraphischen Werken auch einzelne
Gemälde und eine Skulptur abgebildet (Abb. 107, 109,
111, 112, 118, 120, 122). Aus naheliegenden Gründen
können sie in der Ausstellung nicht im Original, sondern – wie im Katalog – allein in photographischer
Reproduktion vergegenwärtigt werden. In derselben
Weise wurde verfahren mit vier Zeichnungen Beckmanns (Abb. 94, 114, 127, 131), auf deren Ausleihe – mit
Rücksicht auf die Kosten oder weil die Werke nicht
verfügbar waren – verzichtet werden mußte. Nicht im
Original ausgestellte Kunstwerke sind im Abbildungsteil des Katalogs kenntlich an den ausführlicheren Bild-
legenden. Dort fehlen naturgemäß die Katalognum-
mern, die auf das „Verzeichnis der ausgestellten Werke"
verweisen.

Einführung

Wer ein Kunstwerk allein befragt nach Eigenschaften der Komposition, wer Spannungsreichtum der Form und Vielfalt der Motive „genießen" möchte, den wird die Kunst Max Beckmanns in hohem Maß befriedigen und zugleich verstören. Alle Wünsche, die ein fiktiver Betrachter dieser Art hegt, werden wohl erfüllt, aber gegen eine verkürzte Sicht hat Beckmann sein Werk auf zweifache Weise geschützt. Er bindet die beiden mit dem Schlagwort „Form und Inhalt" belegten Elemente unauflöslich, sich wechselseitig bedingend, aneinander. Und er verstellt schneller Konsumierbarkeit seiner Kunst den Weg durch ein Irritationsmoment: Daß seine Schöpfungen sinnträchtig sind, läßt sich nicht übersehen, aber ihr Gehalt ist nicht selten nur schwer zu entziffern.

Zwar „behauptete (er) immer wieder, sein Symbolismus sei für jedermann nach eigenem Vermögen lesbar." Aber in diesem Satz steckt auch ein einschränkender Vorbehalt, und andere, von Beckmann selbst stammende Zeugnisse lassen vermuten, daß er sich der Anstrengung bewußt war, die das Verstehen seiner Bildsprache erfordert.[1] Bereits der dringliche Bestand einer beträchtlichen Zahl seiner Werke ist nicht einfach auszumachen, er benutzt herkömmliche Zeichen in ungewohntem Kontext, seine Aussagen erscheinen verschlüsselt, zumindest nicht ohne Umschweife lesbar.

Ansätze dieses Phänomens finden sich bereits in seiner frühen Schaffensperiode, die – sieht man von Jugendwerken ab – im Jahr 1904 einsetzte, als sich Beckmann zwanzigjährig im wilhelminischen Berlin niederließ, und die das folgende Jahrzehnt bis zum Ausbruch des Ersten Weltkriegs umfaßt. Der vollausgeprägten „symbolistischen" Struktur begegnet man zum ersten Mal in dem Gemälde „Die Nacht" (Abb. 117), das 1918/19 in Frankfurt am Main entstand. Dort war er 1915 von Freunden aufgenommen worden, nachdem er als Sanitätssoldat Kriegsdienst geleistet hatte, der ihn bald – wie auch Ernst Ludwig Kirchner und George Grosz – in den seelisch-

körperlichen Zusammenbruch trieb. Gäbe es nur die Werke aus Beckmanns Berliner Frühzeit, er wäre sicher, zumindest in Deutschland, nicht vergessen. Den vollen Klang gewinnt sein Name aber erst mit der um 1918 entwickelten Bildkonzeption, die er in den folgenden Jahrzehnten zwar modifiziert, aber nicht mehr aufgegeben hat: Weder in der Frankfurter Zeit, die 1933 mit dem Verbot seiner Lehrtätigkeit an der Kunstgewerbeschule durch die Nationalsozialisten endete, noch in seiner letzten Werkphase. Sie umspannt die Jahre der inneren Emigration in Berlin (1933–1937), das Amsterdamer Exil (1937–1947) nach der „Säuberung" des germanischen Kunsttempels, zu deren hervorragenden Opfern Beckmann gehörte, schließlich die ihm nach der Übersiedlung in die USA verbliebene Lebensspanne (St. Louis, New York, 1947–1950).

Im Vorgriff auf die genauere Beschreibung des 1919 geschaffenen Mappenwerks „Die Hölle", das zu jenen, dem Betrachter Rätsel aufgebenden Schöpfungen Beckmanns gehört, seien versuchsweise drei Gründe für die hermetischen Aspekte seiner Bildsprache genannt. Pure Laune oder ein surrealistisches Dingverständnis sind gewiß nicht ihre Wurzeln. Beckmanns Kunst spiegelt seine Erfahrung von der Welt der ersten Hälfte des 20. Jahrhunderts; er war kein Reporter des Zeitgeschehens, ihn drängte es zu Analyse und Urteil. Aber ein griffiges Denkschema als Antwort auf die politischen und moralischen Verwerfungen der Epoche hat er sich versagt; Ideologen – wie jene, die er gezeichnet hat (Abb. 115) – würden wohl sagen, ihm habe der Glaube gefehlt. Ein zweiter Grund dürfte in der Art seines Schaffensprozesses liegen. Dieser ist nicht zu denken als eine klar geschiedene Abfolge von Wahl des Bildthemas und seines Inhalts, Entwurf der Bildgestalt und Ausführung, sondern „im Schaffensprozeß erhalten die dargestellten Dinge erst ihren wahren Inhalt, und zweifellos verändert dieser Inhalt, indem er sich allmählich durchsetzt, wie-

---

1 Das Zitat stammt aus Perry T. Rathbone, Max Beckmann in America: A personal Reminiscence; abgedruckt in: Peter Selz, Max Beckmann, The Museum of Modern Art, New York o. J. (1964), S. 123 ff.; zitiert wird nach dem auszugsweisen Abdruck in deutscher Übersetzung in: Mathilde Q. Beckmann, Mein Leben mit Max Beckmann, München-Zürich 1983, S. 74. – Die angesprochenen Äußerungen Beckmanns finden sich u. a. in: Max Beckmann, Tagebücher, 1940-1950, zusammengestellt von Mathilde Q. Beckmann, hg. von Erhard Göpel, München 1955 (eine geringfügig erweiterte Ausgabe erschien 1979; zitiert wird im Folgenden nach der Ausgabe von 1955). Beckmann notiert am 8. 5. 1948 (S. 252) über seine bevorstehende Ausstellung in St. Louis: „Der modern

academic snob wird schimpfen, der Bürger ebenfalls – also die ganze Sache ist 100 Jahre zu früh." Am 14. 10. 1948 (S. 280) schreibt er: „Kein Geld und immer noch keine großen Sammler – wird auch nicht kommen. Bin zu schwer." Zu dem Triptychon „Abfahrt" (1932-35) äußerte er im Jahr 1938: „Wenn's die Menschen nicht von sich aus, aus eigener Mitproduktivität verstehen können, hat es gar keinen Zweck, die Sache zu zeigen. (...) Es kann nur zu Menschen sprechen, die bewußt oder unbewußt ungefähr den gleichen metaphysischen Code in sich tragen." (Brief an Curt Valentin, zitiert nach: Wolf-Dieter Dube, Max Beckmann, Das Triptychon „Versuchung", München 1981, S. 14 f.)

derum die dargestellten Dinge."[2] Zieht man noch die inneren Bedingungen der Formgestaltung hinzu, so ergibt sich aus diesem Vorgehen eine „Verrätselung" des Inhalts und des motivischen Bestands mit einer gewissen Notwendigkeit. Denkbar ist, daß Beckmann in diesem Sachverhalt, nachdem er nun einmal gegeben war, auch ein Instrument gesehen hat, mit dem er – gleichsam als erste Botschaft seines Werks – zumindest Beunruhigung zu wecken gedachte. Vielleicht hat der Gedanke, daß es für jeden „nach eigenem Vermögen lesbar" sei, hier seinen Ursprung. Und endlich: Was man weiß von Beckmanns psychischer Anlage, deutet hin auf einen hohen Grad an Verletzlichkeit; zu seinem Schutz wahrte er Distanz, konnte verschlossen, unnahbar erscheinen. Die Frage, auf welche Weise – oder mit welcher Zwangsläufigkeit – sich der Charakter von Kunstwerken der Persönlichkeitsstruktur ihres Schöpfers annähert, ist hier nicht weiterzuverfolgen. Es sei allein festgehalten, daß die Weigerung, sich dem Gegenüber schnell zu offenbaren, augenscheinlich ein gemeinsames Verhaltensmerkmal der Person Max Beckmann und ihres Werks ist.

„Kunst", so resümierte er 1949, „ist eine grausame Angelegenheit deren Rausch bitter bezahlt werden muß."[3] Er nahm diese „Angelegenheit" auf sich – und mit ihr die Unsicherheit der Existenz über weite Strecken seines Lebens, manches Mal quälende Mühen bei der Übersetzung seiner Bildgedanken in die rechte Form, Selbstzweifel und das Exil –, denn „er konnte nicht leben ohne zu malen". Dieser Satz aus einem soeben veröffentlichten, von kundiger Seite geschriebenen Erinnerungsbuch klingt im Falle Beckmanns nicht wie ein Gemeinplatz, sondern gewinnt seinen ursprünglichen, unabdingbaren Sinn zurück.[4] In der lapidaren Bemerkung schwingt eine Erkenntnis mit, die sich auch bei der Lektüre der Tagebücher des Künstlers aufdrängt: Er schuf aus existentiel-

ler Notwendigkeit und mit außergewöhnlicher Intensität, die während des halben Jahrhunderts seines schöpferisch tätigen Lebens nicht nachließ.[5] Man muß, die Scheu vor dem Superlativ noch einmal überwindend, hinzufügen: Über die Jahrzehnte hinweg arbeitete er mit gänzlich unverminderter Gestaltungskraft, was ihn unterscheidet von den nicht wenigen Künstlern, denen es nicht gelang, nach einer genialischen Frühzeit neue Wege zu gehen.

Den Begriff „malen" aus dem zitierten Satz darf man auf zweierlei Weise verstehen: Im eigentlichen Wortsinn und als pars pro toto für „Bildermachen" überhaupt. „Von früher Jugend an hat Beckmann unablässig gezeichnet"[6]; die größte Kontinuität besitzt sein Schaffen auf den Feldern von Malerei und Zeichnung, während die Zahl seiner druckgraphischen Werke zu diesen beiden in einer gewissen Wechselwirkung steht. Zu den frühesten graphischen Arbeiten gehört das radierte „Selbstbildnis" des nahezu Siebzehnjährigen vom Januar 1901 (Abb. 12), die letzte entstand 1948, zwei Jahre vor Beckmanns Tod.[7] Beginn und Abschluß des druckgraphischen Œuvre sind also beinahe identisch mit dem zeitlichen Rahmen seines Gesamtwerks, aber vor 1911 und etwa ab Mitte der zwanziger Jahre hat die Graphik nur geringes Gewicht. In den Jahren um den Ersten Weltkrieg ist sie hingegen ein zentraler Sektor seines Schaffens, insbesondere von 1916 bis 1923: Über zweihundert Radierungen, Lithographien und Holzschnitte entstanden in dieser Zeit, mehr als die Hälfte aller Arbeiten Beckmanns in diesem Medium. Dem graphischen Werk aus jener kurzen Zeitspanne verdankt die Physiognomie des Künstlers Beckmann einige ihrer einprägsamsten Züge. Es ist zugleich einer der großen Beiträge zu der – seit der „Dürerzeit" – wohl fruchtbarsten Epoche der deutschen Druckgraphik, die von Max Klinger und Käthe Kollwitz vorbereitet wurde, zu deren Kern die

2 Friedrich Wilhelm Fischer, Max Beckmann – Symbol und Weltbild, München 1972, S. 10.

3 Unter Beibehaltung der Interpunktion zitiert aus: Beckmann, Tagebücher, 1940–1950, a. a. O. (s. Anm. 1), S. 310 (4. 4. 1949). Beckmanns Schreibweise wird, wenn nicht anders vermerkt, auch in den übrigen Zitaten gefolgt.

4 Mein Leben mit Beckmann, a. a. O. (s. Anm. 1), S. 91. Beckmann selbst schreibt 1915: „Ich habe niemals bei Gott oder so etwas, mich gebückt, um Erfolg zu haben, aber ich würde mich durch sämtliche Kloaken der Welt, durch sämtliche Erniedrigungen und Schändungen hindurchwinden, um zu malen. Ich muß das. Bis auf den letzten Tropfen muß alles, was an Formvorstellung in mir lebt, raus aus mir, dann wird es mir ein Genuß sein, diese verfluchte Quälerei loszuwerden." (M.B.; Briefe im Kriege, Berlin 1916; zitiert nach der 2. Auflage, München 1955, S. 41; 21. 4. 1915).

5 Abgesehen von den in Anm. 1 genannten Tagebüchern wurde bislang veröffentlich: Max Beckmann, Leben in Berlin, Tagebuch

1908/09, hg. von Hans Kinkel, München 1966 (eine Neuauflage ist in Vorbereitung). Allein in Auszügen veröffentlicht sind die „Tagebuchblätter 1903–1904" (s. Max Beckmann, Sichtbares und Unsichtbares, hg. und mit einem Nachwort versehen von Peter Beckmann. Einführung von Peter Selz, Stuttgart 1965, S. 44 ff.; teilweise wieder abgedruckt in: Max Beckmann, Die frühen Bilder, Kunsthalle Bielefeld – Städtische Galerie im Städelschen Kunstinstitut Frankfurt a. M., 1982/83, S. 20 ff.). Seine von 1925 bis 1940 geführten Tagebücher verbrannte Beckmann 1940 in Amsterdam, als die deutschen Truppen Holland besetzten.

6 Mein Leben mit Beckmann, a. a. O. (s. Anm. 1), S. 154.

7 Das „Selbstbildnis" ist als erste druckgraphische Arbeit Beckmanns aufgeführt in: Klaus Gallwitz, Max Beckmann – Die Druckgraphik, Badischer Kunstverein Karlsruhe, 1962. Laut dem von James Hofmaier bearbeiteten Werkverzeichnis, dessen Veröffentlichung bevorsteht, ging dem „Selbstbildnis" jedoch ein „Der Stehkragen" betiteltes Blatt voran, das etwa 1895/98 entstand.

Graphik der „Brücke" gehört, und die bis zu Dix und Hubbuch reicht, bis zur Neuen Sachlichkeit der zwanziger Jahre.

Die angesprochene Wechselwirkung ist ablesbar an der relativ geringen Zahl von Gemälden aus einzelner der Jahre, da Beckmann sich in besonderem Maß der Druckgraphik zuwandte. Wenig später vollzieht sich ein Wechsel in anderer Richtung: „Mit dem abrupten Stillstand der druckgraphischen Produktion nach der Inflationszeit – unter anderem bedingt durch einen rapiden Rückgang des kommerziellen Interesses an graphischen Blättern – traten jetzt bei Beckmann bildhaft abgeschlossene Zeichnungen an deren Stelle."[8]

Neben einer Vielzahl von Einzelblättern und einer beträchtlichen Reihe von Buchillustrationen hat er in der Werkphase, die von der Graphik entscheidend mitgeprägt wurde, vier Mappenwerke veröffentlicht: 1919 „Gesichter" – eine Auswahl von neunzehn, zwischen (wahrscheinlich) 1914 und 1918 entstandenen Radierungen (Abb. 47–65) – und „Die Hölle" mit zehn Umdrucklithographien; 1922 „Der Jahrmarkt" mit zehn im Vorjahr geschaffenen Radierungen und „Berliner Reise" mit derselben Zahl von Lithographien.

„Die Hölle" nimmt in dieser Gruppe eine besondere Stellung ein: Aufgrund des Druckverfahrens, des außergewöhnlich großen Formats, des engen Bezugs zur Zeitgeschichte und als nachdrückliche, zehnfache Manifestation von Beckmanns endgültig vollzogenem Stilwandel gegenüber seinem dem deutschen Impressionismus verpflichteten, zugleich dessen Begrenzungen überschreitenden Frühwerk.

Beckmann schuf die „Hölle"-Blätter, laut glaubhaftem Bericht eines frühen Rezensenten, unter „dem Eindruck eines Berliner Aufenthalts im März" des Jahres 1919.[9] Er besuchte die Stadt in unmittelbarer zeitlicher Nähe zu einem der grausamsten Geschehnisse des deutschen Bürgerkriegs jener Monate, vielleicht auch während der eine Woche anhaltenden, als „Märzaufstand" bekannten Straßenkämpfe. In ihrem Verlauf wurden mehr als 1200 Menschen getötet. Wenige Wochen zuvor war der „Spartakusaufstand" niedergeschlagen, waren Karl Liebknecht und Rosa Luxemburg ermordet worden.

Diesen politischen Hintergrund des Werks soll eine fotografische Dokumentation des Zeitgeschehens vergegenwärtigen. Sie steht am Beginn der zentralen Ausstellungssektion, in welcher „Die Hölle" vorgestellt wird zusammen mit Werken anderer Künstler, denen Beckmann vielleicht Anregungen zu seinem Zyklus verdankt. Zu dessen Verständnis werden dort auch weitere, nahezu gleichzeitig oder später entstandene Arbeiten Beckmanns gezeigt (Abb. 68–136).

In der „Zeitgenossen" betitelten, abschließenden Bildgruppe werden der „Hölle" Werke von anderen Zeugen der Zeit – wie Grosz und Kollwitz – gegenübergestellt (Abb. 137–148). Drei einleitende Bildgruppen gehen der Präsentation der „Hölle" voraus. Die erste umfaßt Höllendarstellungen und Vergegenwärtigungen der Heillosigkeit der Welt in graphischen Werken früherer Jahrhunderte. Der zeitliche Rahmen ist weit gefaßt, er reicht von Botticelli bis zu Blake, aber es werden nicht mehr als zehn Werke von acht Künstlern gezeigt (Abb. 2–11). Die kleine Bildgruppe erhebt keinen weitergehenden Anspruch als den, ein stichwortartig zusammengestelltes, „visuelles Vorwort" zur Ausstellung zu sein.

Die beiden anderen einführenden Sektionen – ausgewählte Beispiele für „Beckmanns frühe Graphik, 1901–1914" (Abb. 12–31) und „Beckmanns Graphik im Krieg, 1914–1918" (Abb. 32–66) – sollen den Wandel in seiner Bildsprache und Weltsicht bewußt machen; zugleich kündigen sich hier einzelne Aspekte des „Hölle"-Zyklus bereits an.[10] Beide Werkgruppen wie auch die Bilder der „Zeitgenossen" sind einbezogen in die Betrachtung des Hauptgegenstands der Ausstellung, während das „visuelle Vorwort" im Folgenden kurz umrissen wird.

Die Arbeiten von Du Hameel nach Bosch, von Dürer, Bruegel und Callot (Abb. 3–6) verbildlichen die Hölle und das Tun höllischer Wesen – ungeachtet der Verschiedenartigkeit der Gestaltungsweisen – aus der Sicht des christlichen Glaubens. Die Unterschiede zu Beckmanns Vorstellung sind auf den ersten Blick evident, aber die Werke der „alten Meister" werden doch nicht allein der kontrastierenden Auffassung wegen gezeigt. Sie sollen den Betrachter auch einstimmen auf eine spezifische Tonlage in Beckmanns Beschreibung der „Hölle". Denn auch sie besitzt eine Dimension, welche den umgangssprachlichen, rein profanen Gebrauch des Begriffs „die Hölle" – als eines anderen Worts für eine irdische Schreckenssituation – übersteigt.

Aus ähnlichem Grund fanden die Blätter von Botticelli und Blake ihren Platz in der Ausstellung (Abb. 2, 9, 10). Hier kommt jedoch hinzu, daß es sich um Illustrationen zum „Inferno" aus Dantes „Göttlicher Komödie" handelt, die Beckmann, dessen Lektüre man sich „insgesamt

8 Stephan von Wiese, Max Beckmanns zeichnerisches Werk, 1903–1925, Düsseldorf 1978, S. 120; s. ebda. Anm. 334.

9 P.F. Schmidt, Max Beckmanns „Hölle", in: Der Cicerone, XII, 1920, S. 841.

10 Bei einzelnen der im Jahr 1914 geschaffenen Blätter ist nicht sicher, ob sie vor oder nach Kriegsausbruch entstanden sind. Zu dem Holzschnitt „Totenhaus" aus dem Jahr 1922 (Abb. 37), welcher der Bildgruppe „Beckmanns Graphik im Krieg" zugewiesen wurde, s. die Vorbemerkung zum „Verzeichnis der ausgestellten Werke" sowie Kat. Nr. 65.

kaum umfangreich und intensiv genug vorstellen" kann, mit Sicherheit gelesen hat.[11] Das Buch wird ihm bekannt gewesen sein, als er die „Hölle" zeichnete, und der Auftritt des Künstlers in mehreren Szenen der Folge legt den Gedanken nahe, daß er sie – in Anlehnung an Dante – als Bericht von einem Weg durch das Inferno verstand, den er selbst gegangen ist.[12] Freilich: Während Dante in chronologischer Abfolge beschreibt, was er auf seiner Wanderung durch die verschiedenen Kreise der Hölle gesehen hat, ist der Begriff „Weg" bei Beckmann nur partiell im wörtlichen Sinn zu verstehen, und der „Berichterstatter" ist nicht allein Zuschauer, er ist Teil, er ist auch Opfer des Geschehens.

Im „Hölle"-Zyklus durchdringen einander verschiedenartige Weisen, die Wirklichkeit zu reflektieren. Betrachtet man in der entsprechenden Form einer Zusammenschau die erste Bildgruppe der Ausstellung, so haben die drei daraus abschließend zu nennenden Werke einen gewünschten, ausgleichenden Effekt. Denn die „höllischen" Szenarien von Hogarth und Goya resultieren nicht aus der christlichen Vorstellung vom Jenseits oder vom diesseitigen Wirken des Teufels, sondern aus der Beobachtung menschlichen Handelns und Unterlassens. Als „Erste Stufe der Grausamkeit" (Abb. 7) schildert Hogarth die kindliche Lust am Quälen von Tieren mit dem Hinweis auf die menschliche Anlage, auf ‚The Tyrant in the Boy', wie es in der Legende heißt. Im Schlußblatt der Folge „Aus dem Leben eines Wüstlings" (Abb. 8) zeichnet er ein Bild des Wahnsinns, der „Formen des Schreckens" hervorbringt, „die selbst an der Barmherzigkeit des Himmels zweifeln lassen" (Legende), aber nichts anderes sind als die letzte Konsequenz aus dem moralischen Versagen der Gesellschaft, die sich im Wüstling wiedererkennen soll.

Goya begründet – gegen Ende des Zeitalters der Aufklärung – die Rückkehr der Dämonen, die vordem die Hölle bevölkerten, auf doppeldeutige Weise. Der Begriff „sueño" aus dem Titel seiner Radierung (Abb. 11) läßt sich sowohl mit „Schlaf" als auch mit „Traum" über-

setzen: Es bleibt offen, ob „der Schlaf" – die Abwesenheit – „der Vernunft Ungeheuer gebiert" oder ob es gerade die Vernunft ist, welche die Dämonen erträumt, nämlich die auch ihr eingegebene Möglichkeit, sich in ein Monstrum zu verwandeln.

Die möglichen Verbindungslinien zwischen den Blättern von Hogarth und dem „Hölle"-Zyklus reichen hinaus über den ihnen gemeinsamen gesellschaftskritischen Aspekt, der mit Blick auf Beckmann noch zu erläutern sein wird. Beide berichten von Gewalt, die ohne erkennbaren Anlaß ausbricht, von Torturen, die gleichsam mechanistisch vollzogen werden. Und solches Geschehen erfaßt jeweils eine ganze (Bild-)Welt, so daß sich der Eindruck der Unausweichlichkeit des Leidens aufdrängt, die das Signum der Hölle ist. Auch dem Wüstling werden im Irrenhaus Fesseln angelegt, einem ohnehin vielfach verschlossenen Gehäuse. Hogarth zeichnet es nicht allein als Schlußort des Lebens, von dem er erzählt, sondern zugleich als Metapher der Welt, die Rahmen dieses Lebens war. Im Irrenhaus treten „die Großen der Welt" wieder auf; „verkehrte Welt" ist nicht Karikatur, sondern wahres Abbild. Auch in der Vorstellung vom „Tollhaus", in dem der Mensch zu leben gezwungen ist, berühren Hogarth und Beckmann einander.

Monster in definierter Gestalt wie bei Goya erscheinen in seiner „Hölle" nicht, aber Goyas Grundgedanke, daß dem Menschen die Fähigkeit zu ungeheuerlichem Tun wie ein Albtraum entsteigen kann, entspricht wohl auch Beckmanns Erfahrung. Den Titel von Goyas Blatt könnte man dem „Hölle"-Zyklus als Motto voranstellen, in beiderlei Lesarten. Der zweiten aber hätte Beckmann wohl eher noch zugestimmt, wie sich vermuten läßt nach einer späteren, aber in gleicher Weise auch nach dem Ende des Ersten Weltkriegs denkbaren Äußerung: „Unser Zeitalter wohl nicht anders zu bezeichnen – als ‚Zeitalter der absoluten Désillusion'."[13]

Bosch, Bruegel, Hogarth, Goya und Blake gehören zu jenen Künstlern, deren Werke Beckmann – nach eige-

11 Fischer, Beckmann – Symbol und Weltbild, a. a. O. (s. Anm. 2), S. 12, Anm. 6. – Auf Beckmanns frühe Kenntnis des Dante-Textes deutet seine im Jahr 1912 gegenüber Reinhard Piper gemachte Äußerung: „Was Dante für Michelangelo war, das könnte einmal Dostojewski für mich werden." Brief von R. Piper vom 20. August 1912, zitiert nach: Stephan von Wiese, Fessel – Entfesselung, Antinomien im zeichnerischen Frühwerk von Max Beckmann, in: Beckmann, Die frühen Bilder, a. a. O. (s. Anm. 5), S. 214. – Einer Passage in einem unveröffentlichten, am 21.12.1938 in Paris an Baron Rudolf von Simolin geschriebenen Brief ist zu entnehmen, daß Beckmann die „Göttliche Komödie", und zwar vornehmlich das „Inferno", in dieser Zeit erneut zu lesen gedachte: „Daß Sie dazu verdammt sind Dante zu lesen, finde ich

sehr amüsant, auch ich hatte ähnliche Absichten, habe aber die ‚Hölle der Vögel' vorgezogen. Ein neues Tableaux". Das Gemälde „Hölle der Vögel" befindet sich in der Sammlung Richard L. Feigen, New York; s. Erhard Göpel und Barbara Göpel, Max Beckmann, Katalog der Gemälde, 2 Bde., Bern 1976, Nr. 506 (die Besitzerangabe Morton D. May ist durch die genannte zu ersetzen); ebda. wird der Auszug aus Beckmanns Brief zitiert).

12 An „den Gang von Dante und Vergil durch das Inferno" erinnerte in Bezug auf „Die Hölle" bereits Christian Lenz in seiner Abhandlung Max Beckmann – „Das Martyrium", in: Jahrbuch der Berliner Museen, N.F., 16. Bd., 1974, S. 185 ff. (S. 198).

13 Beckmann, Tagebücher, 1940–1950, a. a. O. (s. Anm. 1), S. 128 (28.10.1945).

nen Worten – besonders schätzte; einen Kupferstich von Hogarth hat er besessen.[14] Und es ist gut denkbar, daß er eine ganze Reihe der im „visuellen Vorwort" ausgestellten Blätter gekannt hat. Es läßt sich nicht sagen,

daß sie unmittelbar das äußere Gesicht seiner „Hölle" beeinflußten, wahrscheinlich aber haben sie – oder verwandte Werke – mitgewirkt an dem geistigen Terrain, das der Betrachter des Zyklus betritt.

14 Es handelt sich um das Blatt „Die Nacht" aus der Folge „Die vier Tageszeiten", das der Verleger Reinhard Piper 1919 in Beckmanns Wohnung sah; s. von Wiese, Beckmanns zeichnerisches Werk, a. a. O. (s. Anm. 8), S. 156. – Unter den zahlreichen Äußerungen Beckmanns zu den genannten Künstlern seien nur einzelne hervorgehoben. R. Piper (s. o.) zitiert Beckmanns Worte zu der „Nacht" von Hogarth: „Mir kommt der Stich wie etwas sehr Schönes vor. So etwas beglückt mich. Breughel, Hogarth, Goya haben alle drei die Metaphysik in der Gegenständlichkeit, die auch mein Ziel ist." Neben Gabriel Maleskircher (als Autor der von Beckmann gemeinten Werke wird heute der Meister der Tegernseer Tabula Magna genannt), Grünewald und van Gogh zählt Beckmann Bruegel zu „den 4 großen Malern männlicher Mystik", denen seine „Liebe gilt" (Vorwort zu der aus Anlaß seiner ersten Graphik-Ausstellung erschienenen Broschüre; Graphisches Kabinett J. B. Neumann, Berlin 1917). Dieselben Künstler

führt er auf, unter Hinzufügung von Cézanne, in seiner „Schöpferischen Konfession" aus dem Jahr 1918; s. S. 52. Bosch gehörte zu den Künstlern, „die Beckmann sein Leben lang bewunderte" (Mein Leben mit Beckmann, a. a. O., s. Anm. 1, S. 149), Blake nannte er „die edelste Emanation des englischen Genius" (aus der Rede „Über meine Malerei", gehalten in London, New Burlington Galleries, 21. 7. 1938; abgedruckt in: Mein Leben mit Beckmann, S. 189 ff.). Bereits 1909 äußerte er, man solle sich „lieber an die Quellen Rembrandt Frans Hals und Goya" halten als an die „prinzipiellen Theoretiker" wie etwa Max Klinger (Leben in Berlin, a. a. O., s. Anm. 5, S. 31, 24. 1. 1909). Zu Goya finden sich immer wieder Bemerkungen in seinen Texten, und Goyaschen Klang hat auch die Floskel „Qui en sabe", die wiederholt in den Tagebüchern der Jahre 1940–1950 erscheint (a. a. O., s. Anm. 1, Eintragungen vom 9. 8. 1944, 27. 10. 1947, 7. 9. 1948, 24. 7. 1949).

2 Sandro Botticelli, Dante und Vergil im achten Kreis der Hölle, zwischen 1490 und 1500, Kat. 1

3 Albrecht Dürer, Christus in der Vorhölle, 1510, Kat. 3

4 Alart Du Hameel nach Hieronymus Bosch, Das Jüngste Gericht, Kat. 2

MVLTÆ TRIBVLATIONES IVSTORVM, DE OMNIBVS IIS LIBERABIT EOS DOMINVS · PSAL · 33·

5 Pieter Bruegel d. Ä., Versuchung des hl. Antonius, erschienen 1556, Kat. 4

6 Jacques Callot, Versuchung des hl. Antonius, erschienen 1635, Kat. 5

7 William Hogarth, Die erste Stufe der Grausamkeit, erschienen 1751, Kat. 7

8 William Hogarth, Szene in einem Irrenhaus, erschienen 1735, Kat. 6

16

9 William Blake, Paolo und Francesca im zweiten Kreis der Hölle, 1826–1827, Kat. 9

10 William Blake, Der Graben der Diebe im achten Kreis der Hölle, 1826–1827, Kat. 10

11 Francisco Goya, Der Schlaf / der Traum der Vernunft gebiert Ungeheuer, erschienen 1799, Kat. 8

Beckmanns frühe Graphik
1901–1914

12 Selbstbildnis, 1901, Kat. 11

14 Christus und die Sünderin, 1911, Kat. 14

13 Die Würfler unter dem Kreuz, 1911, Kat. 17

15 Das Abendmahl, 1911, Kat. 16

16 Die Hölle, 1911, Kat. 19

17 Tegeler Freibad, 1911, Kat. 22

18 Admiralscafé, 1911, Kat. 25

24

19 David und Bathseba, 1911, Kat. 20

20 Simson und Delila, 1911, Kat. 21

21 Jahrmarktbude, 1912, Kat. 26

22 Bildnis Minna Beckmann-Tube, 1911, Kat. 23

23 Das Bad der Sträflinge, 1912, Kat. 27

24 Modell, 1911, Kat. 24

25 Selbstbildnis, 1911, Kat. 18

26 Kleines Selbstbildnis, 1913, Kat. 31

27 Mink von vorn mit großer Frisur, 1913, Kat. 32

28

28 Die Vergnügten, 1912, Kat. 29

29 Abendgesellschaft, 1912, Kat. 30

29

30 Die Nacht, 1914, Kat. 33

31 Bordell in Hamburg, 1912, Kat. 28

Beckmanns Graphik im Krieg
1914–1918

32 Weinende Frau, 1914, Kat. 34

33 Fliegerbeschießung, 1915, Kat. 41

34 Die Kriegserklärung, 1914, Kat. 37

34

35 Bildnis des verwundeten Schwagers Martin Tube,
1914, Kat. 36

36 Selbstbildnis, 1914, Kat. 35

37 Totenhaus, 1922, Kat. 65

38 Bordell in Gent, 1915, Kat. 38

36

39 Die Granate, 1915, Kat. 39

40 Gesellschaft, 1915, Kat. 40

41 Straße II, 1916, Kat. 42

42 Erste Illustration zu „Das Frauenschloß"
(Edschmid, Die Fürstin), 1917, Kat. 44

43 Zweite Illustration zu „Das Frauenschloß"
(Edschmid, Die Fürstin), 1917, Kat. 44

44 Illustration zu „Jael" (Edschmid, Die Fürstin),
1917, Kat. 44

45 Illustration zu „Traum" (Edschmid, Die Fürstin), 1917, Kat. 44

46 Adam und Eva, 1917, Kat. 43

47 Gesichter, Bl. 1, Selbstbildnis, 1918, Kat. 45

48 Gesichter, Bl. 2, Familienszene, 1918, Kat. 46

49 Gesichter, Bl. 3, Irrenhaus, 1918, Kat. 47

50 Gesichter, Bl. 4, Liebespaar I, 1916, Kat. 48

51 Gesichter, Bl. 5, Liebespaar II, 1918, Kat. 49

52 Gesichter, Bl. 6, Mainlandschaft, 1918, Kat. 50

53 Gesichter, Bl. 7, Die Gähnenden, 1918, Kat. 51

54 Gesichter, Bl. 9, Cafémusik, 1918, Kat. 53

55 Gesichter, Bl. 8, Theater, 1916, Kat. 52

56 Gesichter, Bl. 10, Der Abend, 1916, Kat. 54

57 Gesichter, Bl. 12, Auferstehung, 1918, Kat. 56

58 Gesichter, Bl. 13, Frühling, 1918, Kat. 57

59 Gesichter, Bl. 11, Kreuzabnahme, 1918, Kat. 55

60 Gesichter, Bl. 14, Landschaft mit Ballon, 1918, Kat. 58

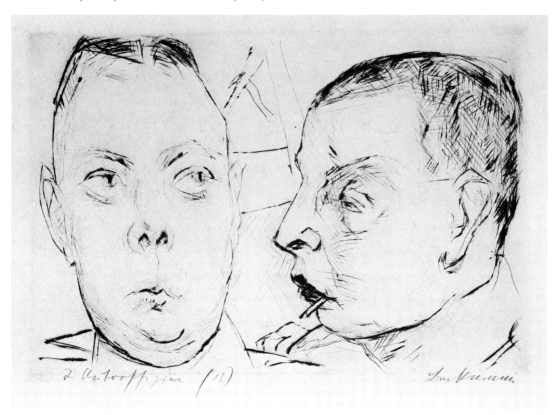

61 Gesichter, Bl. 15, Zwei Autooffiziere, 1915, Kat. 59

62 Gesichter, Bl. 16, Spielende Kinder, 1918, Kat. 60

63 Gesichter, Bl. 17, Prosit Neujahr, 1917, Kat. 61

64 Gesichter, Bl. 18, Große Operation, wahrscheinlich 1914, Kat. 62

65 Gesichter, Bl. 19, Selbstbildnis mit Griffel, 1917, Kat. 63

Max Beckmann
Schöpferische Konfession (1918)

Meine Form ist die Malerei, und ich bin recht zufrieden damit, denn ich bin eigentlich von Natur mundfaul, und höchstens ein brennendes Interesse an einer Sache kann mich zwingen, etwas aus mir heraus zu quälen.

Heute, wo ich oft mit Erstaunen redebegabte Maler beobachten kann, ist es mir ja manchmal etwas schwül geworden, daß mein armer Mund so gar nicht den inneren Enthusiasmus und die brennenden Passionen zu den Dingen der sichtbaren Welt in schöne und schwungvolle Worte fassen kann. Aber schließlich habe ich mich darüber beruhigt und bin nun eigentlich ganz zufrieden, indem ich mir eben sage, du bist ein Maler, tue dein Handwerk und lasse reden, wer reden kann. Ich glaube, daß ich gerade die Malerei so liebe, weil sie einen zwingt, sachlich zu sein. Nichts hasse ich so, wie Sentimentalität. Je stärker und intensiver mein Wille wird, die unsagbaren Dinge des Lebens festzuhalten, je schwerer und tiefer die Erschütterung über unser Dasein in mir brennt, um so verschlossener wird mein Mund, um so kälter mein Wille, dieses schaurig zuckende Monstrum von Vitalität zu packen und in glasklare scharfe Linien* und Flächen einzusperren, niederzudrücken, zu erwürgen.

Ich weine nicht, Tränen sind mir verhaßt und Zeichen der Sklaverei. Ich denke immer nur an die Sache.

An ein Bein, einen Arm, an die Durchbrechung der Fläche durch das wundervolle Gefühl der Verkürzung, an die Aufteilung des Raums, an die Kombination der geraden Linien im Verhältnis zu den gekrümmten. An die amüsante Zusammenstellung der kleinen vielfach verschiedenbeinigen Rundheiten zu den Geradheiten und Flächigkeiten der Mauerkanten und Tiefe der Tischflächen, Holzkreuze oder Häuserfronten. Das Wichtigste ist mir die Rundheit eingefangen in Höhe und Breite. Die Rundheit in der Fläche, die Tiefe im Gefühl der Fläche, die Architektur des Bildes.

Frömmigkeit! Gott? O schönes, viel mißbrauchtes Wort. Ich bin beides, wenn ich meine Arbeit so gemacht haben werde, daß ich endlich sterben kann. Eine gemalte oder gezeichnete Hand, ein grinsendes oder weinendes Gesicht, das ist mein Glaubensbekenntnis; wenn ich etwas vom Leben gefühlt habe, so steht es da darin.

Der Krieg geht ja nun seinem traurigen Ende zu. Er hat nichts von meiner Idee über das Leben geändert, er hat sie nur bestätigt. Wir gehen wohl einer schweren Zeit entgegen. Aber gerade jetzt habe ich fast noch mehr als vor dem Krieg das Bedürfnis, unter den Menschen zu bleiben. In der Stadt. Gerade hier ist jetzt unser Platz. Wir müssen teilnehmen an dem ganzen Elend, das kommen wird. Unser Herz und unsere Nerven müssen wir preisgeben dem schaurigen Schmerzensgeschrei der armen getäuschten Menschen. Gerade jetzt müssen wir uns den Menschen so nah wie möglich stellen. Das ist das einzige, was unsere eigentlich recht überflüssige und selbstsüchtige Existenz einigermaßen motivieren kann. Daß wir den Menschen ein Bild ihres Schicksals geben, und das kann man nur, wenn man sie liebt.

Eigentlich ist es ja sinnlos, die Menschen, diesen Haufen von Egoismus (zu dem man selbst gehört), zu lieben. Ich tue es aber trotzdem. Ich liebe sie mit aller ihrer Kleinlichkeit und Banalität. Mit ihrem Stumpfsinn und billiger Genügsamkeit und ihrem ach so seltenen Heldentum. Und trotzdem ist mir jeder Mensch täglich immer wieder ein Ereignis, als wenn er eben vom Orion heruntergefallen wäre. Wo kann ich dieses Gefühl stärker befriedigen als in der Stadt? Auf dem Land, sagt man, weht die Luft reiner, und man ist Versuchungen schwerer ausgesetzt. Ich bin der Ansicht, daß der Dreck überall derselbe ist, die Reinheit liegt im Willen. Bauern und Landschaft ist sicher auch etwas sehr Schönes und gelegentlich eine schöne Erholung. Aber das große Menschenorchester ist doch die Stadt. Das war das Ungesunde und Ekelhafte in der Zeit vor dem Krieg, daß die geschäftliche Hetze und die Sucht nach Erfolg und Einfluß jeden von uns in irgendeiner Form angekränkelt hatte.

Jetzt haben wir vier Jahre dem Entsetzen täglich in die Fratze gesehen. Vielleicht ist es bei manchen doch ein bißchen in die Tiefe gefahren. Vorausgesetzt allerdings, daß irgendwo auch nur der geringste Ansatz dazu da war.

Völlige Absentierung, um die bekannte persönliche Reinheit und Versenkung in Gott zu erwischen, ist mir vorläufig noch zu blutlos und auch zu lieblos. Das darf man erst, wenn man sein Werk getan hat, und unsere Arbeit ist die Malerei.

Vieles sind wir hoffentlich losgeworden, was vorher war. Aus einer gedankenlosen Imitation des Sichtbaren, aus einer schwächlich archaistischen Entartung in leeren Dekorationen und aus einer falschen und sentimentalen Geschwulstmystik heraus werden wir jetzt hoffentlich zu der transzendenten Sachlichkeit kommen, die aus einer tieferen Liebe zur Natur und den Menschen hervorgehen kann, wie sie bei Máleszkircher, Grünewald und Breughel, bei Cézanne und van Gogh vorhanden ist.

---

* Im Originalabdruck des Textes heißt es irrtümlich: „und glasklarer scharfe Linien".

66 Selbstbildnis von vorn, im Hintergrund Hausgiebel, 1918, Kat. 64

Vielleicht wird auch durch verringerte Geschäftstüchtigkeit, vielleicht sogar, was ich kaum zu hoffen wage, durch ein stärkeres kommunistisches Prinzip, die Liebe zu den Dingen um ihrer selbst willen größer werden, und nur darin sehe ich eine Möglichkeit, wieder zu einem großen, allgemeinen Stilgefühl zu kommen.

Das ist ja meine verrückte Hoffnung, die ich nicht aufgeben kann und die trotz allem stärker ist in mir als je. Einmal Gebäude zu machen zusammen mit meinen Bildern. Einen Turm zu bauen, in dem die Menschen all ihre Wut und Verzweiflung, all ihre arme Hoffnung, Freude und wilde Sehnsucht ausschreien können. Eine neue Kirche.

Vielleicht hilft mir die Zeit.

„Schöpferische Konfession" wurde zum ersten Mal veröffentlicht in: Tribüne der Kunst und Zeit, 13, 1920, S. 66. Unter dem Titel „Ein Bekenntnis" wurde sie wieder abgedruckt in: Der Kreis, 10, Februar 1933, S. 80 ff. Aus der Bemerkung „Der Krieg geht ja nun seinem traurigen Ende zu" ist zu schließen, daß der Text 1918 verfaßt wurde.

Die Hölle, 1919

„Das Gegenwärtige zeitlos machen
und das Zeitlose gegenwärtig."
Max Beckmann[15]

Entstehungszeit und Verleger,
Druckverfahren und großes Format

Auf den Zyklus, der zehn Hauptdarstellungen sowie ein identisches Selbstporträt auf dem Umschlag und dem Titelblatt umfaßt, spielt Beckmann offenbar in einem Brief vom 10. Mai 1919 an. „Ein Verlag wendet sich heute wieder an mich nachdem ich schon verschiedene Male abgeschrieben habe und bietet mir für 11 größere Lithographien die nicht unbeträchtliche Summe von 7000 M. Da man in diesen trüben Zeiten nun leider das Geld recht nötig braucht und ich auch einige Lust verspüre auch mal wieder in Lithos zu versuchen, glaube ich nicht das Anerbieten, das ja wirklich recht günstig ist, abweisen zu dürfen. Unserm Vertrag gemäß aber nach dem ich Ihnen solche Sachen mitteilen muß und Sie sich dann innerhalb 8 Tagen entscheiden teile ich es Ihnen mit, wenn ich auch kaum annehmen kann, daß Sie nun auch dies jetzt noch machen wollen."
Der Adressat des Biefes, der Münchner Verleger Reinhard Piper,[16] veröffentlichte im selben Jahr die Folge „Gesichter" (Abb. 47-65), und in so unmittelbarer zeitlicher Nähe war er offensichtlich nicht bereit, wie Beckmann richtig vermutete, ein zweites Mappenwerk des Künstlers verlegerisch zu betreuen. 1922 erschien in seinem Verlag die Folge „Jahrmarkt" (Abb. 95, 98, 99), aber „dies", die Veröffentlichung des „Hölle"-Zyklus, übernahm der zweite bedeutende Verleger von Beckmanns Druckgraphik, Israel Ber Neumann, von dem sicher auch das „Anerbieten" gekommen war. Das „Graphische Kabinett I. B. Neumann" in Berlin, dem ein Verlag angegliedert war, hatte seit dem Jahr 1911 bereits eine umfangreiche Zahl von Einzelblättern Beckmanns ediert, im November 1917 fand hier seine erste Graphik-Ausstellung statt, und mit dem Abschluß des „Hölle"-Unterneh-

mens endete die enge Zusammenarbeit nicht. 1922 erschien in demselben Verlag die Folge „Berliner Reise" (Abb. 110, 121, 125, 130). 1923 übersiedelte Neumann – den man einen Beckmann-Enthusiasten nennen kann und den der Künstler auch mehrfach porträtierte wie in der Radierung aus dem Jahr 1919 (Abb. 67) – nach New York. Dort zeigte er 1926 Beckmanns erste Einzelausstellung in den USA. Von 1925 bis in die Zeit der Diktatur des 3. Reichs hatte er einen – zeitweilig mit Alfred Flechtheim geteilten – Vertrag mit Beckmann, der ihm das Alleinverkaufsrecht an seinen Gemälden zusprach.
Beckmann hat sich augenscheinlich zügig an die Realisierung des von Neumann angeregten Projektes begeben, denn ein Probedruck des Titelblatts der „Hölle" ist datiert „2. Juni 1919", ein weiterer von Blatt 8 der Folge trägt die Aufschrift „Juni" (beide im Städelschen Kunstinstitut, Frankfurt a. M.; vgl. die Abb. auf dem Umschlag des Katalogs und Abb. 129). Einzelne, äußerst seltene Proben wurden auf farbigen Papieren abgezogen (s. Abb. 123 und Kat. Nr. 79). Im Herbst des Jahres 1919 wird die Folge – gedruckt auf weißes, imitiertes Japanpapier – veröffentlicht. 50 Exemplare sind eingelegt in eine Mappe, auf deren Umschlag das vom Titelblatt bekannte Selbstporträt erneut lithographisch wiedergegeben ist, nun zusammen mit dem Titel des Zyklus und einem weiteren Text; 25 Exemplare werden zum Verkauf angeboten in der Form loser Blätter.[17] Das hier ausgestellte Exemplar des Kupferstichkabinetts (Nr. 26/75) umfaßt auch die Mappe (Abb. 97).[18]
Gleichzeitig mit dem großformatigen Mappenwerk erschienen verkleinerte Reproduktionen der „Hölle" in einer sogenannten „Heftausgabe" (s. Kat. Nr. 81), die der weiteren Verbreitung von Beckmanns Bildern dienen sollte. Anders als die Mappe enthält das Heft sowohl ein Inhaltsverzeichnis als auch einen Druckvermerk. Das

---

15 „Undatierte Bemerkung von Beckmann auf einem alten Briefumschlag, unpubliziert"; zitiert aus: Mein Leben mit Beckmann, a.a.O. (s. Anm. 1), S. 170.

16 Der Brief wird zitiert nach dem unveröffentlichten Manuskript von James Homaier (s. Anm. 7).

17 Diese Unterscheidung entnehme ich dem Manuskript von J. Hofmaier (s. Anm. 7).

18 Im Rahmen der im Jahr 1937 durchgeführten Aktion „Entartete Kunst" wurden 77 druckgraphische Werke Beckmanns – alle erworben zwischen 1919 und 1924 – aus dem Kupferstichkabinett entfernt. Dies macht mehr als 10 Prozent des gesamten, das Kabinett betreffenden Kunstraubs der Nationalsozialisten aus. Offen-

bar konnten aber einzelne Arbeiten vor dem Zugriff gerettet werden (einige wurden nach Kriegsende auch zurückgestattet bzw. zurückgekauft), wie abzulesen ist an einer Reihe jener Inventarnummern, deren Endziffer identisch ist mit dem Erwerbungsjahr (s. das Verzeichnis der ausgestellten Werke). Heute umfaßt die Beckmann-Sammlung des Kabinetts 138 Werke (119 Einzelblätter und Blätter in Mappenwerken, 19 Illustrationen in Büchern). Dieser nicht unbeträchtliche Bestand ist zum größeren Teil auf Ankäufe des Kabinetts zurückzuführen, aber auch auf die Sammeltätigkeit der einstigen Galerie des 20. Jahrhunderts, deren druckgraphische Sammlung – zu ihr gehörte auch Beckmanns „Hölle" – 1967 mit dem Kupferstichkabinett vereinigt wurde.

Inhaltsverzeichnis hat besondere Bedeutung nicht wegen der Angabe der Einzeltitel – in der Originalausgabe sind sie handschriftlich auf den Lithographien selbst vermerkt –, sondern weil es die Abfolge der Blätter verbindlich festlegt. Der Druckvermerk lautet: „Nach Herstellung der Auflage von 75 Exempl. wurden die Originalsteine abgeschliffen. Diese Heftausgabe in photolithographischer Verkleinerung ist in einer einmaligen Auflage von 1000 Exemplaren erschienen. Den Druck beider Ausgaben besorgte C. Naumann's Druckerei zu Frankfurt a. M. im Herbst 1919. Verlag Graphisches Kabinett J. B. Neumann/Berlin W 50".

Abgesehen von manchen anderen wissenswerten Tatsachen erfahren wir aus dem Impressum, daß „die Originalsteine abgeschliffen" wurden. Aus diesem Hinweis ist jedoch nicht der Schluß zu ziehen, Beckmann habe seine Darstellungen auf diese Steine auch gezeichnet. Vielmehr wandte er das schon zuvor von ihm genutzte Verfahren der Umdrucklithographie an.[19] Unter den sogenannten „klassischen" Techniken der Druckgraphik – Holzschnitt, Kupferstich, Radierung, Lithographie – besitzt die letztgenannte die größte Affinität zur Zeichnung. Denn auf dem Lithostein oder entsprechend vorbereiteten Metallplatten läßt sich mit Kreiden, Feder und Pinsel in ähnlicher Weise frei aus der Hand zeichnen wie auf einem Blatt Papier. Im Fall der Umdrucklithographie ist die Grenze zwischen Zeichnung und druckgraphischem Werk noch undeutlicher markiert. Es gibt verschiedene Praktiken, eine Umdrucklithographie herzustellen, immer aber steht am Beginn des Verfahrens eine Zeichnung auf Papier. Beckmann zeichnete die „Hölle"-Darstellungen mit schwarzer Lithokreide auf Umdruckpapier. Die Zeichnungen müssen sodann auf die Lithosteine gepreßt worden sein, damit sich die Bilder dort abzeichneten. Bei diesem Vorgang kann eine Zeichnung in mehr oder minder starkem Maß verletzt werden; dies geschieht jedoch nicht zwangsläufig. Vom Stein konnte dann auf Papier gedruckt werden wie bei der geläufigen lithographischen Methode. Im Unterschied zu ihr geben Umdrucklithographien – wegen der zweifachen Übertragung des Bildes – die ursprüngliche Zeichnung jedoch seitenrichtig wieder. Sieben Zeichnungen zu Beckmanns „Hölle" sind bekannt[20], die Zeichnung zum Schlußblatt der Folge wird in der Ausstellung gezeigt (Abb. 133). Nicht in diesem, aber in einigen anderen Fällen korrigierte Beckmann die Zeichnun-

67 Bildnis I. B. Neumann, 1919, Kat. 83

gen vor der Übertragung auf den Stein, indem er auf einzelne Partien Papierstücke mit den neu formulierten Teilen klebte.

Die Blattgröße der Lithographien beträgt ca. 86,5 x 60,5 cm, die Bildgröße reicht bis zu 77,7 x 54,5 cm (Blatt 8, Abb. 129). Verwischt der Herstellungsprozeß die Trennungslinien zur Zeichnung, so überschreiten die Maße die seinerzeit üblichen Dimensionen der Druckgraphik und erinnern an das Format von Gemälden. Die Lithographien sind in der Tat „nicht geeignet, in der Hand betrachtet zu werden. Sie kommen erst an der Wand zu voller Wirkung."[21]

Die Größe der Blätter, die Wiederholung des Gemäldes „Die Nacht" in dem gleichnamigen Blatt 6 der Folge (Abb. 117) und Beckmanns Äußerung, er wolle „noch vier so große Bilder" wie die überdimensionale, unvollendet gebliebene „Auferstehung" (1916/18, Staatsgalerie Stuttgart) malen, waren Anlaß zu einer weitergehenden Überlegung. Das im März 1919 fertiggestellte Gemälde „Die Nacht" sei „als Erfindung (...) vermutlich sogar

19 Als Undrucklithographien sind wahrscheinlich z.B. die Blätter „Simson und Delila" und „Modell" (Abb. 22, 24) anzusehen, die beide die gedruckte, flüssig geschriebene, seitenrichtige Signatur „MB" und die Jahreszahl „11" tragen. Erhalten ist offenbar auch die der Lithographie „Taufe Christi" (s. Kat. 13) zugrundeliegende Zeichnung; s. von Wiese, Beckmanns zeichnerisches Werk,

a.a.O. (s. Anm. 8), S. 191 (Kat. 73).
20 von Wiese, Beckmanns zeichnerisches Werk, a.a.O. (s. Anm. 8) führt die Zeichnungen zu den Blättern 2, 3, 5, 7-10 auf (s. dort die Kat. Nrn. 411-417, Abb. 97 und 130).
21 Lenz, Beckmann – „Das Martyrium", a.a.O. (s. Anm. 12), S. 185.

Ausgangspunkt für die ganze Folge gewesen. Beckmann hat in den übrigen Lithographien Bildgedanken realisiert, die er in einem großen Gemälde-Zyklus ebenso wenig ausführen konnte wie die Anlage von vier weiteren Riesengemälden neben der ‚Auferstehung‘. Die Lithographien der ‚Hölle‘ sind also Bildersatz. (...) Sie ersetzen dem Künstler die Wand, für die er den Zyklus erdacht hatte, und dem Publikum die eigene Gemäldereihe.“[22]

Daß Beckmann im Gefolge der „Nacht“ einen Gemälde-Zyklus „erdacht hatte“, ist jedoch nicht mehr als eine Annahme. Man möchte Zweifel anmelden, ob die These vom „Bildersatz“, soweit sie den Künstler betrifft, sich hinreichend begründen läßt mit der Wiederholung der „Nacht“ als Lithographie und mit einer Vermutung, die sich auf eine Äußerung Beckmanns in anderem Zusammenhang stützt. Auch das Format der Blätter läßt noch nicht den Schluß zu, Beckmann habe anstelle der graphischen Bilder wohl lieber Gemälde geschaffen. Das Format ist ungewöhnlich, Beckmann ist jedoch nicht der einzige Künstler der „klassischen Moderne“, von dem es graphische Blätter mit solchen Dimensionen gibt. Die Bildgrößen von Noldes Farblithographien „Die Heiligen Drei Könige“ (1913) und „Herbstlandschaft“ (1926) betragen ca. 65 x 54 cm bzw. ca. 60 x 80 cm.

Anders als mit dem Verweis auf ein bestimmtes Werk läßt sich auch die Frage nach dem „Ausgangspunkt“ beantworten. In der Einführung wurde bereits die aus dem Jahr 1920 stammende Äußerung zitiert, Beckmann habe „Die Hölle“ gezeichnet unter „dem Eindruck eines Berliner Aufenthalts im März“ 1919. Denkbar ist, daß er während seines Besuchs der Stadt mit I. B. Neumann zusammentraf und – vor dem Hintergrund der allseits gegenwärtigen, erschütternden politischen Ereignisse – schon bei dieser Gelegenheit über das Projekt eines graphischen Zyklus gesprochen wurde. Nicht „Die Nacht“ und ein fiktiver Gemälde-Zyklus sind aus dieser Sicht der „Ausgangspunkt“ für die Folge, sondern das Zeitgeschehen (hinsichtlich der Thematik) und die Begegnung Beckmanns mit seinem Verleger (in Bezug auf das künstlerische Medium). Wenn er die Komposition der „Nacht“ als Lithographie wiederholte, so beweist dies nur, daß er sie als adäquat zum Kontext der Folge empfand.

Wertvolles Anschauungsmaterial zur Frage des großen Formats sind die Photolithographien der „Heftausgabe“

(Kat. Nr. 81). Das Blattmaß ist auf ca. 39,5 x 26 cm reduziert, die Bildgrößen entsprechend noch stärker. Sie veranschaulichen, daß die originalen Blätter – als graphische Schöpfungen – aus sich selbst die Notwendigkeit zu der herkömmliches Maß übertreffenden Dimension besitzen. Dieses innere Gesetz ist beim Vergleich mit den Reproduktionen leicht aufzuspüren, denn hier wird die ohnehin dichte zeichnerische Struktur der Kompositionen noch weiter verengt, bis über die Grenze zur Unkenntlichkeit.

Daß die Wand der allein angemessene Platz seiner Präsentation ist, teilt der „Hölle“-Zyklus mit anderer großformatiger Graphik – und mit Gemälden, aber die Lithographien sind Werke aus eigenem Recht. Auch ihr Format mag augenfällig machen, welches Gewicht Beckmann der Botschaft beimaß, die er 1919 formulierte, nach Geschehnissen, die „einen in Jahrzehnten nicht wieder zu heilenden Riß in das deutsche Volk gebracht“ haben.

Zur Zeitgeschichte

Dieser Eintrag aus den Tagebüchern Harry Graf Kesslers[23] bezieht sich auf ein bestimmtes, später zu erwähnendes Ereignis des Berliner „Märzaufstandes“ im Jahr 1919. Aber sein Urteil besitzt Gültigkeit wohl auch dann, wenn man es überträgt auf das gesamte politische Geschehen in Deutschland während des halben Jahres nach Ausrufung der Republik in Berlin am 9. November 1918. Obwohl heute nahezu vergessen, hat der Bürgerkrieg jener Zeit, haben die in seinem Verlauf zu Tage tretenden, erklärbaren, aber todbringend kurzsichtigen Koalitionen in der Ausübung der Macht die Struktur der Weimarer Republik nachhaltig bestimmt, dem demokratischen Staat in den Tagen seiner Gründung bereits eine der Keimzellen seines Untergangs eingepflanzt.

Das Geschehen nachzuerzählen, würde nicht allein den Umfang, sondern insbesondere Anspruch und Vermögen dieser Betrachtung übersteigen. Unterstützt von den optischen Hinweisen der fotografischen Dokumentation (Abb. 68-93) und einer Reihe von zeitgenössischen, in der Ausstellung gezeigten Flugschriften können die nicht leicht nachvollziehbaren Begebenheiten nur in einem groben Abriß geschildert werden.[24]

Im Herbst des Jahres 1918 war der Krieg für das Deutsche Reich verloren, aber die Leitung der Marine wollte noch

22 Christian von Heusinger, Das Problem der Wiederholung in Beckmanns graphischem Werk, in: Max Beckmann, Gemälde und Aquarelle der Sammlung Stephan Lackner, Bremen 1966, S. 131 ff. (S. 135). Ebda. der Hinweis auf den Kat. Max Beckmann – Das Porträt, Karlsruhe 1963, an dessen Schluß die zitierte Äußerung Beckmanns wiedergegeben wird; sie ist überliefert in: Reinhard Piper, Nachmittag, München o.J. (1950), S. 19.

23 Harry Graf Kessler, Tagebücher 1918-1937, hg. von Wolfgang Pfeiffer-Belli, Frankfurt a.M. 1961, S. 156 (13. 3. 1919).

24 Die Darstellung stützt sich vornehmlich auf Arthur Rosenberg, Geschichte der Weimarer Republik, hg. von Kurt Kersten, 18. unveränderte Aufl., Frankfurt a.M. 1977; Sebastian Haffner, Die deutsche Revolution 1918/19, 2. Aufl., München 1979.

zu einem sinnlosen Schlag gegen die englische Flotte aus-
holen. Ende Oktober weigerten sich in Wilhelmshaven
Teile der Besatzungen gegen das Auslaufen ihrer Schiffe.
Die Meuterer wurden interniert, aber der Plan der Flot-
tenführung hatte sich als nicht mehr realisierbar erwie-
sen. Eine Anzahl der Schiffe wurde nach Kiel zurückver-
legt – mitsamt den über tausend Inhaftierten, auf die das
Kriegsgericht und Erschießung wegen Meuterei warte-
ten. 4. November: Auch die Mannschaften, die zuvor
den Gehorsam nicht verweigert hatten, verlangen die
Freilassung ihrer Kameraden. Nach Ablehnung dieser
Forderung werden die Offiziere entwaffnet, es werden
ein Soldatenrat gewählt, die öffentlichen Gebäude und
die Militärgefängnisse besetzt, die Gefangenen befreit;
die Stadt ist in der Hand der Matrosen. 9. November: In
Berlin ruft ein vorläufiger Arbeiter- und Soldatenrat zum
Generalstreik auf; der Kaiser dankt ab, die Republik
wird proklamiert (Abb. 69). Als Reichsregierung fun-
giert der Rat der Volksbeauftragten. Drei seiner Mitglie-
der (unter ihnen Friedrich Ebert, der spätere Reichs-
präsident) gehören der SPD an, drei der U(nabhän-
gigen) SPD, die sich 1917 von der Mutterpartei abgespal-
ten hatte – eine späte Reaktion auf das 1914 durch Frak-
tionszwang erreichte, nahezu einstimmige Ja der SPD zu
den Kriegskrediten.

Noch vor dem Umsturz in Berlin konstituieren sich in
München Arbeiter- und Soldatenräte, am 7. November
wird die Republik ausgerufen, Kurt Eisner (USPD,
Abb. 71, 90) zum bayerischen Ministerpräsidenten
ernannt. Die Revolution greift über auf das gesamte
Reichsgebiet. In Frankfurt am Main, dem Wohnort Max
Beckmanns, „ist seit dem frühen Morgen" des 9. November „die vollziehende Gewalt vollständig in den Händen
des Soldatenrates (...), der in ständiger Fühlung mit der
organisierten Arbeiterschaft vorgeht". Er hat „einen
sozialdemokratischen Stadtverordneten (...) zum provisorischen Polizeipräsidenten und Lebensmitteldikta-
tor ernannt. Die Verhandlungen zwischen den beiden
sozialistischen Parteien haben zu einer Einigung auf der
Grundlage eines verschiedenen Aktionsprogramms
geführt". Aus dem Aufruf des „Provisorischen Aktions-
komitees": „Der Arbeiter- und Soldatenrat wird für
äußerste Ordnung sorgen. Plünderungen und Aus-
schreitungen werden rücksichtslos bestraft. Eine unserer
ersten Sorgen wird die direkte Lösung der Lebensmittel-
frage sein".[25] Wenig später erscheint in Frankfurt eine die
politischen Ziele der Revolution in Wort und Bild kari-
kierende Broschüre (Abb. 72). Hier wie auch in den übrigen Großstädten gehört zu den drängendsten Proble-

men die Versorgung der Bevölkerung mit Nahrungs-
mitteln; im Herbst 1918 hungern viele Deutsche, und
dies wird sich auch in den folgenden Monaten nicht
ändern (Abb. 83, 85).

Von der nach dem Ende von Krieg und Monarchie
anzustrebenden Gesellschaftsordnung haben die verschiedenen politischen, gewerkschaftlichen und milita-
rischen Gruppierungen weit voneinander divergierende
Auffassungen. Ziel der SPD ist die parlamentarische
Republik, sie dringt auf Durchführung der für den 19.
Januar 1919 geplanten Wahlen zur Nationalversammlung; in den Räten sieht sie nicht mehr als ein Über-
gangsphänomen. Die USPD möchte das Rätesystem mit
einer parlamentarischen Ordnung verbinden. Von der
USPD trennt sich gegen Jahresende der von Karl Liebknecht und Rosa Luxemburg (Abb. 73, 86) angeführte
Spartakusbund; aus ihm geht die sich am 30. Dezember
konstituierende KPD hervor. "Rosa Luxemburg war für
eine demokratische Räterepublik, aber unter Ablehnung einer jeden Parteidiktatur". Doch „wo die Führung
sich realistisch nach den gegebenen Verhältnissen
Deutschlands richten wollte, da wollten die Anhänger
ohne Überlegung vorwärtsstürmen".[26] Die Revolutionären Obleute, Vertrauensleute der Großbetriebe,
befürworten die reine Räteverfassung. Das katholische
Zentrum und die Liberalen hatten zeitweilig ihren Einfluß verloren; scheinbar auch die alten Rechtsparteien.
Aber die Generale der Kaiserzeit bleiben an der Spitze
der Armee. Es ging nicht, so wurde geäußert, um „Räte-
diktatur oder parlamentarische Demokratie; um die
Abwehr des Bolschewismus und die Wahl einer verfas-
sunggebenden Nationalversammlung (...). In Wahrheit ging es einzig und allein um die Frage: Revolution
oder Gegenrevolution".[27]

Ein erster, am 6. Dezember in Berlin unternommener
Versuch zur Gegenrevolution, bei dem es zu Straßen-
kämpfen kommt, scheitert. 23.-24. Dezember: Die
Volksmarinedivision, die ursprünglich als Stütze der
neuen Republik galt, wird „plötzlich als ‚spartakistisch'
verdächtigt"[28]; sie soll aus dem Berliner Stadtschloß und
dem Marstall verlegt werden. Die Regierung hält als
Druckmittel den Sold zurück, die Matrosen weigern
sich, ihre Quartiere zu verlassen. Es kommt zu einer blu-
tigen Straßenschlacht, bei der Soldaten des alten Re-
gimes gegen die revolutionären Matrosen eingesetzt
werden (Abb. 78). Die USPD verläßt die Regierung.
Der Polizeipräsident von Berlin, ein Mitglied dieser Partei, widersetzt sich seiner Entlassung," und daraus haben
sich Kämpfe von historischer Bedeutung entwickelt".[29]

25 Zitiert aus: Deutsche Tageszeitung, 10.11.1918, S. 2: „Der 9.
    November in Berlin und im Reiche".
26 Rosenberg, a.a.O. (s. Anm. 25), S. 23 f.

27 Haffner, a.a.O. (s. Anm. 25), S. 115.
28 Haffner, S. 126.
29 Rosenberg, a.a.O. (s. Anm. 25), S. 55.

Parolen aus Flugschriften jener Tage: „Keine National-versammlung heißt Anarchie, heißt bolschewistischer Terror (...) Hütet Euch vor Liebknecht! Stellt Euch hinter die Regierung! (...) Und laßt nicht zu, daß eine Verbrecherbande an ihre Stelle gesetzt werde!" (29.12.1918) – „Der Bolschewismus ist der neueste Trumpf der Juden. Spartakus ist nichts weiter als Judaskuss (...) Wache auf, deutsche Christenheit! Schütze deine Heiligtümer!" (1.1.1919; ohne Angabe des Herausgebers) – „Ich will säubern, nicht vernichten – Der Oberbefehlshaber. Noske." (nach dem Auszug der USPD zum Volksbeauftragten ernannt, SPD; 3.1.1919) – „Soldaten! Kameraden! Es gilt den letzten Kampf zu bestehen!" (Spartakusbund, 9.1.1919) – „Die Ebert-Scheidemann aber wollen nicht Frieden, sondern Krieg, Bürgerkrieg. In Arbeiterblut wollen sie waten, in Arbeiterblut die soziale Revolution ersäufen. Mit blauen Bohnen das hungerde Volk, die um ihre Befreiung aus den Ketten des Kapitals ringenden Massen traktieren und zu Boden werfen". (Die Revolutionären Obleute; Spartakusbund, 9.1.1919).

5. Januar 1919: Beginn des „Spartakusaufstands". Demonstration gegen die Entlassung des Polizeipräsidenten. „Es kam zu einer riesenhaften Kundgebung der radikalen Berliner Arbeiterschaft (...). Einige Stoßtrupps bewaffneter Spartakusleute besetzten wiederum das Vorwärtsgebäude, und um diesmal ganze Arbeit zu machen, eroberten andere Abteilungen die Zeitungspaläste der Verlagshäuser Mosse, Scherl und Ullstein in der Berliner Innenstadt. Man hatte allgemein in Berlin das Gefühl, daß die zweite Revolution begonnen habe."[30] 6.-12. Januar: Straßenkämpfe in Berlin. „Aber da stellte sich heraus, daß eigentlich niemand den Aufstand wollte (...) Wirklich zum Kampf entschlossen war nur der kleine persönliche Anhang" des Polizeipräsidenten, „ferner ein paar tausend utopisch radikale Spartakisten (...), ein kleiner Teil der revolutionären Obleute unter Führung von Ledebour und Scholze". (Abb. 75)[31] Noske kämpfte den Aufstand nieder mit Truppen, „die in der Nähe von Berlin von Offizieren der alten Armee gebildet wurden (...) Das Verhängnis für die deutsche Republik kam nicht dadurch, daß Noske Gewalt anwandte, sondern mit welchen Truppen er Gewalt anwandte (...) Bald hatte die deutsche Republik ein gegenrevolutionäres, von kaiserlichen Offizieren geführtes Heer". (Abb. 74, 77, 79-81, 84)[32]

Flugschriften: „Das Vaterland (...) wird nicht bedroht von außen, sondern von innen: Von der Spartakusgruppe. Schlagt ihre Führer tot! Tötet Liebknecht! Dann werdet ihr Frieden, Arbeit und Brot haben! – Die Frontsoldaten" (Januar 1919) – „Die Garde-Kavallerie-Schützen-Division ist in Berlin einmarschiert". Sie „verspricht Euch, nicht eher die Hauptstadt zu verlassen, als bis die Ordnung endgültig wieder hergestellt ist". (14.1.1919)

15. Januar: Rosa Luxemburg und Karl Liebknecht, die sich seit Tagen versteckt hielten, werden gegen Abend entdeckt und in das Eden-Hotel (Abb. 87) gebracht, in dem am selben Tag die Garde-Kavallerie-Schützen-Division ihr Hauptquartier aufgeschlagen hatte. In dem Hotel werden sie mißhandelt, dem Offizier vorgeführt, der die Aktion leitet, sodann zu einem Seitenausgang gebracht, an dem ein Soldat postiert war. „Er hatte Befehl, dem jeweils Herauseskortierten – erst Liebknecht, dann Rosa Luxemburg – mit dem Gewehrkolben den Schädel einzuschlagen. Er schlug denn auch wuchtig zu, beide Male indessen ohne tödliche Wirkung. Liebknecht, und einige Minuten später Rosa Luxemburg, wurden, betäubt oder halbbetäubt von dem furchtbaren Schlag, in bereitstehende Autos gezerrt". Liebknecht wurde im Tiergarten erschossen; „Rosa Luxemburg wurde gleich nach der Abfahrt vom Hotel Eden in die Schläfe geschossen und an der Liechtensteinbrücke in den Landwehrkanal geworfen".[33]

21. Februar: Auf den bayerischen Ministerpräsidenten Kurt Eisner, „den einzigen schöpferischen Staatsmann, der seit dem November 1918 hervorgetreten war"[34], wird in München ein Attentat verübt. Als er „morgens, ein paar Minuten vor zehn Uhr, vom Promenadenplatz um die Ecke zur Prannerstraße bog, um sich (...) zur Eröffnung des Landtags zu begeben, wurde er ermordet". (Abb. 89) Die tödlichen Schüsse gab ein junger Mann ab, der (da halb jüdischer Abstammung) „aus der Thule-Gesellschaft, einer Vereinigung, die sich mit Grund später rühmte, die eigentliche Urzelle der Nazibewegung gewesen zu sein, ausgeschlossen worden" war.[35]

Anfang März: Die Vollversammlung der Berliner Arbeiterräte beschließt den Generalstreik. „Das politische Ziel dieser und ähnlicher Aktionen war die Durchführung der Sozialisierung (...) und die Auflösung der Freiwilligentruppen (...) Zu Beginn des Berliner Aufstandes verbreiteten sich viele Gerüchte über angebliche Greueltaten der Aufständischen. Dadurch ließ sich Noske zu einem verhängnisvollen Erlaß hinreißen. Er bestimmte, daß jeder Aufständische, der mit der Waffe in der Hand gefangen werde, erschossen werden sollte. Noske wollte mit diesem Erlaß abschreckend wirken und den Aufstand schnell beenden. Aber er hätte doch die Geisteshaltung seiner Freiwilligen genauer kennen und wissen

30 Rosenberg, S. 56.
31 Rosenberg, S. 56.
32 Rosenberg, S. 59 f.

33 Haffner, a.a.O. (s. Anm. 25), S. 161.
34 Rosenberg, a.a.O. (s. Anm. 25), S. 67.
35 Haffner, a.a.O. (s. Anm. 25), S. 183 f.

68 Eine der letzten deutschen Offensiven im 1. Weltkrieg (bei Arras, März 1918)

Die Gründung der deutschen Republik.

69 Ausrufung der Republik vom Reichstagsgebäude in Berlin am 9. November 1918; der Rat der Volksbeauftragten

70 Demonstration für die Stärkung der Arbeiter- und Soldatenräte (Berlin, November 1918)

71 Der bayerische Ministerpräsident Kurt Eisner (USPD) bei einer Demonstration (München, Februar 1919)

72 Titelblatt einer Broschüre mit Karikaturen von Lino Salini, 1918

73 Karl Liebknecht (Spartakusbund)

74 Gustav Noske (seit dem Jahres-
wechsel 1918/19 Volksbeauftrag-
ter, Oberbefehlshaber, SPD)

75 Georg Ledebour (USPD)
(Aufnahmen aus dem Januar
1919, Berlin)

76 Demonstration in Berlin, Januar 1919

77 Papierbarrikade im Zeitungsviertel („Spartakusaufstand", Berlin, Januar 1919)

78 Verteidigung des Marstallgebäudes durch die
Volksmarinedivision (Berlin, 23./24. Dezember 1918)

79 Regierungstruppen auf dem Brandenburger Tor („Spartakusaufstand", Januar 1919)

80 Das zerstörte Gebäude der SPD-Zeitung „Vorwärts" („Spartakusaufstand", Januar 1919)

81 Potsdamer Jäger auf einer eroberten Barrikade („Spartakusaufstand", Januar 1919)

82 „Abtransport gefallener Spartacisten"

83 Ein während der Straßenkämpfe getötetes
Pferd wird von der hungernden Bevölkerung
skelettiert

84 Zerstörte Wohnung im „Vorwärts"-Gebäude
(„Spartakusaufstand", Januar 1919)

85 Anstehen nach Lebensmitteln – Eine Frau bricht vor Schwäche zusammen (Berlin, Herbst 1918)

86 Rosa Luxemburg (Aufnahme um 1900)

87 Eden Hotel, Berlin (Ausgangsort der Ermordung Rosa Luxemburgs am 15. Januar 1919; Aufnahme aus den 30er Jahren)

88 Barrikade der Freikorpstruppen („Märzaufstand", Berlin 1919)

89 Der Ort der Emordung Kurt Eisners (München, 21. Februar 1919)

90 Kurt Eisner (Aufnahme vom Dezember 1918)

91 Freikorpstruppen in Berlin („Märzaufstand" 1919)

92 Zur Prüfung der Legitimationspapiere errichteter Drahtverhau (Berlin, Spittelmarkt, „Märzaufstand" 1919)

93 Opfer der Freikorpstruppen („Märzaufstand" 1919)

müssen, was aus diesem Schießerlaß entstehen konnte. So war gerade die Niederwerfung des Berliner Märzaufstandes von massenhaften Erschießungen begleitet. Dabei wurden viele Leute getötet, die mit dem Aufstand nichts zu tun hatten. Der schlimmste Fall dieser Art ist mit dem Namen eines Leutnants Marloh von den Regierungstruppen verknüpft. Eine Gruppe von dreißig Angehörigen der Volksmarinedivision, die sich am Aufstand nicht beteiligt hatte, wollte friedlich ihre Löhnung kassieren. Da ließ Marloh die Matrosen umzingeln, verhaften und sämtlich erschießen".[36] Auf dieses Ereignis bezieht sich die Notiz in Harry Graf Kesslers Tagebuch (Abb. 88, 91-93).

In dem Monat des eine Woche anhaltenden „Märzaufstands", dessen blutigste Tage am 11. 3. begannen, hielt sich Beckmann, wie wir wissen, einige Zeit in Berlin auf. Hier lebte sein im Jahre 1908 geborener Sohn Peter bei Beckmanns Schwiegermutter Minna Tube-Römpler. Zusammen mit dem Künstler treten beide auf in der abschließenden Szene des „Hölle"-Zyklus, „Die Familie" (Abb. 134)[37].

Manche, heute darlegbaren Hintergründe des Zeitgeschehens waren Beckmann sicher nicht bekannt, aber von den Ereignissen selbst hat er ohne Zweifel gewußt. Das gilt nicht nur für den „Märzaufstand", sondern auch für die anderen erwähnten Geschehnisse, die weithin publiziert wurden.[38] Schriftliche oder mündliche Kommentare Beckmanns zur „deutschen Revolution" sind jedoch nicht überliefert. Ohnehin kennt man nur wenige Äußerungen Beckmanns, die als Stellungnahmen zu politischer Programmatik zu werten sind. Im Zusammenhang mit seinen bereits zitierten, nach Fertigstellung des Gemäldes „Auferstehung" zu verwirklichenden Absichten bemerkte er gegenüber Reinhard Piper: „Wilhelm II. wird ja für meine Kunst nichts übrig haben. So hoffe ich also auf eine deutsche Republik".[39] Den Rang eines politischen Bekenntnisses hat der Anspruch sicher nicht. Eine Neigung wird wohl erkennbar, aber zu der inneren Verfassung einer solchen Republik hat sich Beckmann, soweit bekannt, nicht geäußert.

1909, nach einer Begegnung mit dem sozialistischen Schriftsteller Gustv Landauer – vor dem Weltkrieg Beckmanns Nachbar in Berlin-Hermsdorf, im April 1919 zum Volksbeauftragten der bayerischen Räterepublik ernannt, am 1. Mai des Jahres ermordet im Stadelheimer Gefängnis – hielt Beckmann fest: „Seine Theorie erscheint mir wie ich schon erwartet habe zu idealistisch nicht genug mit dem banalen Durchschnitt gerechnet, sondern nur immer an Ausnahmemenschen gedacht. Vielleicht in kleinem Format durchführbar (…) bei den Herrenhutern etc. keinesfalls aber in größerem Maßstab".[40] Etwa an die „Herrnhuter Brüdergemeine" oder an Lebensformen des Urchristentums, nicht an die Diktatur des Proletariats dachte Beckmann offenbar auch, als er 1918 „kaum zu hoffen" wagte auf „ein stärkeres kommunistisches Prinzip" (Schöpferische Konfession, S. 52).

Den beiden „November 1918" datierten Skizzen, die Paul Levi bei einer Rede festhalten (Abb. 114), ist zu entnehmen, daß Beckmann in jener Zeit politische Versammlungen besucht hat. Levi, Anwalt in Frankfurt, übernahm nach der Ermordung Rosa Luxemburgs die geistige Führung der kommunistischen Partei, ehe er 1922 wieder Mitglied der SPD wurde. Über Beckmanns politische Position sagt seine „Teilnahme" an solchen Zusammenkünften jedoch wenig aus, falls er denn überhaupt mehrfach den Weg dorthin fand. Im Zentrum des Blattes „Die Ideologen" (Abb. 115) gibt er wohl sich selbst wieder als distanzierten, in sich gekehrten Zuhörer. Es scheint denkbar, daß er sich vergewissern wollte, ob seine eigene Vorstellung vom „kommunistischen Prinzip" sich wiederfände in den Ideen der Menschen, die sich als kommunistisch bezeichneten. Als Vertreter der Linken sind die Hauptakteure des „Hölle"-Blattes nicht kenntlich gemacht, aber wie an anderen Werken sich zeigen wird, begegnete er dem extrem politisch links oder rechts motivierten Handeln mit gleicher Ablehnung wie offenbar auch dem weltverlorenen, religiösen Überschwang, den die in Trance erstarrte Dame mit der unbarmherzigen Physiognomie und dem Kreuz am Halsband repräsentiert.[41] Und ein Aktivist der Revolution war Beckmann ohnehin nicht. Er fuhr „nicht auf

---

36 Rosenberg, a.a.O. (s. Anm. 25), S. 64.

37 Peter entstammt Beckmanns erster, 1906 in Berlin geschlossener Ehe mit Minna Beckmann-Tube (Abb. 22, 27). 1915 kam es zur faktischen Trennung des Paars, als Beckmann nach Frankfurt zog und seine Frau mit einem Engagement in Elberfeld ihre Laufbahn als Opernsängerin begann, die sie später in Graz fortsetzte, wo auch der Sohn aufwuchs. 1925 wurde die Ehe im Einvernehmen beider Seiten geschieden. Im selben Jahr heiratete Beckmann Mathilde (Quappi) von Kaulbach.

38 So entstammen die Abb. 77, 79, 81, 84 dieses Katalogs einer unter dem Titel „Berliner Sturmtage" im Januar 1919 erschienenen Sondernummer der „Berliner Illustrirten Zeitung"; Abb. 92 dem Magazin „Zeitbilder", Beilage zur „Vossischen Zeitung", Nr. 9, 16. 3. 1919. Von der Ermordung Rosa Luxemburgs und Karl Liebknechts wurde kurz berichtet in der Ausgabe der „Freiheit" vom 18. Januar und detailliert in der „Roten Fahne" vom 12. Februar (wieder abgedruckt in: Der Mord an Rosa Luxemburg und Karl Liebknecht, Dokumentation eines politischen Verbrechens, hg. von Elisabeth Hannover-Drück und Heinrich Hannover, 3. Aufl., Frankfurt a. M. 1972, S. 46 f. und S. 51 ff.).

39 s. Anm. 22, ebda.

40 Leben in Berlin, a.a.O. (s. Anm. 5), S. 15 (4. 1. 1909).

41 Als Nachweis für Beckmanns Beschäftigung mit der Tagespolitik wurde die Zeichnung „Paul Levi bei einer Rede" publiziert und

Lastautos, mit roten Fahnen, und einer Kohorte von bewaffneten Arbeitern durch Frankfurt, wie der Bildhauer Benno Elkan es tat, sondern wandte sich um so verbissener seiner Arbeit zu".[42]

Ein zentraler Komplex seiner Arbeit im Jahr 1919 war der „Hölle"-Zyklus, aber vor einer eingehenderen Betrachtung sollen – als Fond für den Hauptgegenstand der Ausstellung – einige Hinweise auf Beckmanns graphisches Schaffen vor 1914 und im Weltkrieg gegeben werden.

Rückblick

Das „Selbstbildnis" von 1901 (Abb. 12) ist zu lesen als ein Zeugnis des Ergriffenseins von den Spannungen und Widersprüchen menschlicher Existenz, die dem jungen, noch nicht siebzehn Jahre alten Mann sich offenbarten. Später, in den zahlreichen Selbstbildnissen von seiner Hand, hat sich Beckmann in einem inszenierten Bild solcher Art, das seelische Erregung in der Formel einer großen Gebärde zu fassen sucht, nicht mehr vergegenwärtigt. Aber die Erschütterung über das Rätsel, das man „Mensch" oder „Leben" nennen kann, hat ihn nicht verlassen. Beckmanns Betroffenheit stand gleichwohl die Faszination nicht nach, welche dieses Rätsel auf ihn ausübte. 1915 schrieb er als Soldat aus Belgien: „Wundervoll ist mir immer das Zusammenkommen mit Menschen. Ich habe eine wahnsinnige Passion für diese Spezies".[43] „Jeder Mensch" sei ihm „täglich immer wieder ein Ereignis, als wenn er eben vom Orion heruntergefallen wäre", bekennt er in seiner „Schöpferischen Konfession" aus dem Jahr 1918. Und gerade aus dem sich anschließenden Satz, nirgendwo könne er dieses „Ge-

fühl stärker befriedigen als in der Stadt", dem großen „Menschenorchester" (S. 52) spricht die bewußte Entscheidung, unmittelbar zum „Leben" zu sein und Gegenwart wahrzunehmen. Dieselbe Forderung richtete Beckmann an sein Schaffen. Nach dem Besuch einer Ausstellung chinesischer Kunst notierte er 1909: „Mein Herz schlägt mehr nach einer roheren gewöhnlicheren vulgäreren Kunst, die nicht verträumte Märchenstimmungen lebt zwischen Poesien, sondern dem Furchtbaren, Gemeinen, Großartigen, Gewöhnlichen Groteskbanalen im Leben direkten Eingang gewährt. Eine Kunst die uns im Realsten des Lebens immer unmittelbar gegenwärtig sein kann".[44] Mit Blick auf die Bildsprache beinhaltet dieses Postulat eine – pauschal formuliert – vom Gegenstand ausgehende Vergegenwärtigung der Welt, und die Wahl der Stoffe wird nicht zielen auf die Idylle, sondern auf spannungsreiches Geschehen.

In der Druckgraphik des hier zu betrachtenden Zeitraums treten einzelne Themenkomplexe deutlich hervor. Wie in Beckmanns Malerei haben die der heiligen Schrift entlehnten Stoffe auch bei seinen nach 1911 zahlreicher werdenden graphischen Werken zunächst besonderes Gewicht. Dies bezeugen nicht nur die „Sechs Lithographien zum Neuen Testament" (1911, Abb. 13-15), Beckmanns einzige zusammenhängende Darstellung verschiedener Stationen des Lebens und Wirkens Christi, sondern auch Szenen wie „David und Bathseba" und „Simson und Delila" (1911, Abb. 19, 20). Er zeichnet 1911 auch bereits ein Bild der „Hölle" (Abb. 16), aber ohne Verweis auf Ereignisse des Tages, sondern als einen Ort der Qual, deren ewige Dauer die Erstarrung der nackten Leiber spiegelt.

in lockere Beziehung gesetzt zu dem Blatt „Die Ideologen" von Chr. Lenz, s. Beckmann – „Das Martyrium", a.a.O. (s. Anm. 12), S. 195 ff. Ebda. (S. 194): „Die geringe Vertrautheit des Künstlers mit marxistischen Schriften verrät die Schreibweise ‚Marcks' auf dem Blatte ‚Die Enttäuschten' II"; s. Abb. 130, Kat. Nr. 92. – Beckmanns Charakterisierung der Dame im Vordergrund des ‚Ideologen'-Blattes schließt wohl aus, daß es sich hier „eventuell" um „ein Porträt Aga Gräfin Hagens" handelt, „die allerdings viel zu jung erscheint" (von Wiese, Beckmanns zeichnerisches Werk, a.a.O., s. Anm. 8; v.W., Anm. 308). Beckmann hatte Gräfin Hagen 1908 in einem Gemälde (mit ähnlichem Halskreuz) porträtiert (Dresden, Staatl. Kunstsammlungen; s. Göpel, Beckmann, Kat. der Gemälde, a.a.O., s. Anm. 11, Nr. 94), und sie spielte 1914 eine gewisse Rolle bei seinem Wechsel aus dem zivilen Leben in den Krieg: „Als Begleiter eines Transportes von Liebesgaben, den die (. . .) Gräfin Hagen organisierte, fuhr Beckmann (. . .) im September 1914 an die Ostfront und blieb dort als freiwilliger Krankenpfleger". (Peter Beckmann, Max Beckmann – Leben und Werk, Stuttgart – Zürich 1982, S. 36 f.) Freiwillig hatte er sich zu diesem Dienst gemeldet, „weil er nicht wünschte, in das Geschäft des Tötens hineingezogen zu werden" (übersetzt nach Selz, Beckmann, a.a.O., s. Anm. 1, S. 21). Während des Krieges gehörte Gräfin Hagen – wie der „linke" Kunstschriftsteller Carl Einstein –

„zum pazifistischen Brüsseler Kreis" (von Wiese, ebda.). Falls Beckmann nach dem Krieg noch Kontakte zu ihr gehabt habe, seien sie sicherlich freundschaftlich gewesen (Prof. Theo Garve, Hamburg, mündliche Mitteilung, 1983). Es ist also wenig wahrscheinlich, daß Beckmann sie auf solch negative Weise „porträtieren" würde, zumal solche Kontakte wohl bestanden haben. Nach dem Krieg „wohnte (Einstein) zusammen mit Gräfin Hagen in Berlin-Frohnau", und nachweislich trafen Einstein und Beckmann in jener Zeit mehrfach zusammen (von Wiese, ebda.). Berührungsängste vor linken Positionen hatte Beckmann nicht, aber wenn er, wie von Wiese (ebda.) wohl zu Recht vermutet, mit dem bebrillten Mann rechts von dem Redner des „Ideologen"-Blattes Carl Einstein meinte, so zeugt dies doch nicht von Affinität zu dessen Überzeugungen. Diese Gestalt ist zwar nicht in so abträglicher, den Porträtcharakter ausschließender Weise gekennzeichnet wie die vermeintliche Gräfin, aber Sympathie bringt Beckmann diesem Teilnehmer der Versammlung augenscheinlich auch nicht entgegen.

42 Kasimir Edschmid in einem 1964 vor der Beckmann-Gesellschaft gehaltenen Vortrag (Manuskript Max Beckmann Archiv, München); zitiert nach Wiese, Beckmanns zeichnerisches Werk, a.a.O. (s. Anm. 8), Anm. 309; ebda. der Hinweis, daß Benno Elkan der Schwager Carl Einsteins war.

Eine andere Episode aus der Erzählung von David und Bathseba hatte Beckmann schon 1910 in einem Gemälde aufgegriffen[45], 1912 malte er „Simson und Delila" in enger Anlehnung an die Lithographie[46]. Die von alt- oder neutestamentarischen Quellen herrührende Thematik tritt dann zeitweilig in den Hintergrund, aber nach Beckmanns Kriegsdienst – als Krankenpfleger in Ostpreußen, später als Sanitätssoldat in Flandern –, nach seinem Zusammenbruch und der Übersiedlung nach Frankfurt am Main (1915) stehen religiöse Stoffe erneut im Mittelpunkt seines Werks. Von 1916 bis 1918 beschäftigt in das bereits genannte Gemälde „Auferstehung", dessen Komposition er in der gleichnamigen Radierung (Abb. 57) spiegelbildlich wiederholt und zugleich um einzelne Akzente erweitert (u. a. Radspeichen auf dem großen, jetzt von einem Saturnring umgebenen Himmelskörper). Und Gemälde gehen auch zwei anderen, 1917 und 1918 entstandenen Blättern religiöser Thematik voraus, „Adam und Eva" und „Kreuzabnahme" (Abb. 46, 59).[47] Beide sind geschaffen im Radierverfahren, das von 1912 an für eine Reihe von Jahren Beckmanns nahezu ausschließlich genutztes graphisches Ausdrucksmittel war.

In die nur wenige Blätter zählende Graphikfolge zum Neuen Testament nahm er mit „Christus und die Sünderin" (Abb. 14) ein Sujet auf, das für eine Vergegenwärtigung des Lebens Jesu nicht als unverzichtbar gelten kann. Für Beckmanns Entschluß lassen sich zwei gleichzeitig wirkende Motive nennen: Christus reagiert auf den Fehltritt der Frau anders als die öffentlich sich äußernde bürgerliche Moral, und die Thematik lenkt hin auf die Geschlechterbeziehung, die Beckmann häufig – sowohl in Bildern als auch mit Worten – als problembeladen angesprochen hat. Von ihr handelt auch die zweite Gruppe graphischer Blätter vor 1919, von der die erste jedoch nicht streng geschieden ist. Die Darstellung des ersten Menschenpaars mit Evas ungewöhnlicher Geste, Bathseba und die fern auf dem Dach des Königshauses wie eine Chiffre des Verlangens sich abzeichnende Silhouettengestalt Davids (Abb. 19), Delila in der Rolle des dämonischen Weibs, das die erotische Verstrickung des Mannes zu dessen Verderben nutzt (Abb. 20): Eingekleidet in biblische Erzählungen berichtet Beckmann von der – vornehmlich als verhängnisvoll verstandenen – Spannung zwischen den Geschlechtern,

die er in anderen Bildern beschreibt als ein Phänomen der unmittelbaren Gegenwart. So in den Bordellszenen von 1912 und 1915 (Abb. 31, 38) und der Radierung „Die Nacht" (1914), der Wiedergabe eines Mords in einem Freudenhaus (Abb. 30).

In der Szene mit „Adam und Eva" (Abb. 46) verwandelt Beckmann die Schlange in ein drachenähnliches Monstrum; in „Liebespaar I" (1916, Abb. 50) übernimmt der Raubtierkopf des Bettvorlegers den Part des Unheilzeichens. Dieses Motiv läßt sich noch lesen als Teil einer „realistischen" Beschreibung, aber deren Rahmen übersteigt in „Liebespaar II" (1918, Abb. 51) die Anwesenheit großköpfiger Dämonen; einer schaut mit starrem Blick auf das Paar, die beiden anderen wenden sich – wie ohnehin wissend – ab. Dem Paar selbst bleiben sie verborgen, nur dem Betrachter wird ihre albtraumhafte Gegenwart vermittelt. Einem suggestiv aus dem Bild blickenden Raubtierkopf begegnen wir wieder in einer der Illustration zu Edschmids „Die Fürstin" (1917, Abb. 45), und dort erscheint auch erneut ein den Eros mit dem Tod verbindendes Zeichen, eine kleine Gestalt mit Totenschädel, die mit erhobenem Arm ihre Präsenz signalisiert.

Eine dritte Bildgruppe umfaßt die Werke, die sich unmittelbar auf den Krieg beziehen. Zu ihr wird zu Recht wohl auch die Radierung „Weinende Frau" gezählt, ein Bild von Beckmanns Schwiegermutter Tube-Römpler (1914, Abb. 32). Sich selbst stellt der Künstler mit bitteren Zügen am rechten Rand der Menschengruppe dar, die von der „Kriegserklärung" erfährt (1914, Abb. 34). Die Empfindungen, von denen beide Blätter berichten, stehen in Kontrast zu einzelnen Äußerungen, die sich in Beckmanns „Briefen im Kriege" finden. Dort spricht er einmal von dem „wunderbar großartige(n) Geräusch der Schlacht", ihrer „schaurig großartige(n) Musik".[48] Das ist der Ton, den auch eine Bemerkung in Beckmanns Tagebuch vom Januar 1909 besitzt, als er „ganz im Druck" eines „neuen Bildes" niederschrieb, „wildes grausames prachtvolles Leben" wolle er in seiner Kunst vergegenwärtigen.[49] Das Lebensgefühl, das sich in solchen Worten kundtut, erinnert ohne Zweifel an Nietzsche, und dieser gehörte auch im Krieg zu Beckmanns Lektüre: „Lese noch etwas im Zarathusthra oder im Neuen Testament".[50] Die Fragen, die an diese Beziehung zu knüpfen wären und vornehmlich Beckmanns Frühwerk betreffen, sind im hier gegebenen

---

43 Briefe im Kriege, a.a.O. (s. Anm. 4), S. 23 (16. 3. 1915).
44 Leben in Berlin, a.a.O. (s. Anm. 5), S. 21 (9. 1. 1909).
45 verschollen; s. Göpel, Beckmann, Kat. der Gemälde, a.a.O. (s. Anm. 11), Nr. 123.
46 Privatbesitz, s. Göpel, Kat. der Gemälde, a.a.O. (s. Anm. 11), Nr. 155.
47 Beide Gemälde sind 1917 datiert; „Kreuzabnahme" befindet sich

in New York, The Museum of Modern Art; „Adam und Eva" in der Slg. Stephan Lackner, Santa Barbara (s. Göpel, Beckmann, Kat. der Gemälde, a.a.O., s. Anm. 11, Nrn. 192, 196).
48 Briefe im Kriege, a.a.O. (s. Anm. 4), S. 15 (11. 10. 1914).
49 Leben in Berlin, a.a.O. (s. Anm. 5), S. 33 f. (28. 1. 1909).
50 Briefe im Kriege, a.a.O. (s. Anm. 4), S. 29 (28. 3. 1915).

Rahmen nur annähernd zu beantworten. Und dasselbe gilt für einen zweiten Eintrag in Beckmanns Tagebuch vom Beginn des Jahres 1909: „Martin meint es giebt Krieg (...) Wir wurden einig daß es für unsere heutige ziemlich demoralisierte Kultur garnicht schlecht wäre, wenn die Instinkte und Triebe alle wieder mal an ein Interesse gefesselt würden".[51]

Von einer vitalistischen „Feier" des Lebens mag man – auf dem Feld der Druckgraphik – etwas verspüren bei der Lithographie „Tegeler Freibad" (1911, Abb. 17), in deren Zentrum Beckmann einen Mann in lauernd geduckter Haltung und mit düster-triebhaftem Gesichtsausdruck postiert, während er in den Posen der sich entkleidenden Frauen mit Pathos Sinnlichkeit hervorkehrt. Einen ähnlichen Klang hat die Zurschaustellung kraftvoll-üppiger Körperlichkeit in dem gleichzeitig entstandenen Blatt „Modell" (Abb. 24). Im folgenden Jahr gibt er in einer der Illustrationen zu Dostojewskis „Aus einem Totenhaus" die Gefangenen wieder als eine dicht gedrängte Masse nackter, gefesselter, heftig sich bewegender Leiber. Er zeichnet ein Bild des Verlustes der Menschenwürde und der Verzweiflung, die dem Wahnsinn nicht fernsteht (Abb. 23). „Wildes grausames prachtvolles Leben"? Dieses Wort ist doch wohl nicht als Ausdruck der Fühllosigkeit zu verstehen, sondern als eine Formel für Beckmanns Drang, der – freilich noch mit gewisser Einfalt oder nur von fern erfahrenen – gegensätzlichen Daseinsformen und Seelenzustände habhaft zu werden und sie ins Bild zu übersetzten.

Beckmanns Äußerung aus dem Jahr 1909 zu einem möglichen Krieg zeugt von reiner Ahnungslosigkeit: Im April 1915 revidiert er sich selbst, wenn er aus Flandern schreibt, es sei „doch amüsant, wie das viel verfluchte und bestöhnte Leben des Friedens jetzt mit eiserner Logik zum Paradies aufrückt".[52] Im Krieg wird ihm „der unsagbare Widersinn des Lebens" deutlich, erfährt er den „wilde(n) Wahnsinn dieses Riesenmordens", dort „war die Existenz des Lebens wirklich zum paradoxen Witz geworden".[53] Nicht das ihm aus der Literatur bekannte, sondern ein tatsächliches „Totenhaus" wurde zum Rahmen seiner Existenz. Beckmann hält fest, was er in den Lazaretten sieht, in denen er arbeitet (Abb. 37, 64), er berichtet vom ohnmächtigen Emporblicken der Menschen bei der „Fliegerbeschießung", von der „Granate", die wie ein apokalyptisches, aus seiner Umlaufbahn geschnelltes Gestirn in eine Soldatengruppe einbricht, vom Ausdruck der Distanziertheit und Berechnung in den Physiognomien zweier Offiziere (1915, Abb. 33, 39,

61). Die bestürzende Unwissenheit, die er einst selbst besaß, findet er später wieder im Kriegsspiel der Kinder (1918, Abb. 62).

Wie er wohl ursprünglich dem Krieg zu begegnen gedachte, beschreibt er – trotz des Gesehenen – noch in einem Brief vom Mai 1915: „Es handelt sich ja (...) darum (...), daß ich mich selbst in dieser Sache einlebe, die an sich eine Erscheinungsform des Lebens ist, wie Krankheit, Liebe oder Wollust. Und genau so, wie ich ungewollt und gewollt der Angst der Krankheit und der Wollust, Liebe und Haß bis zu ihren äußersten Grenzen nachgehe – nun, so versuche ich es eben jetzt mit dem Kriege".[54] Mit diesem Versuch ist Beckmann gescheitert, und mit seinem Zusammenbruch zerbrach auch die eine, die vitalistische Seite seiner bisherigen Erfahrung der Welt.

Daß diese auch zuvor in jenem Aspekt sich nicht erschöpfte, macht das Eingangsblatt einer weiteren Reihe graphischer Werke deutlich, die sich anbieten zur gemeinsamen Betrachtung, da sie jeweils eine Gruppe von Menschen zeigen – in Café und Wohnung, auf der Straße und in der Grenzsituation des Irrenhauses. In gewissem Maß klingt in „Admiralscafé" (1911, Abb. 18) schon an, was Beckmann 1912 in der „Abendgesellschaft" (Abb. 29) vergegenwärtigt: Die Ferne der Menschen voneinander. Selbst die Personen, die an dem Tisch nahe beieinander sitzen, wenden ihre Aufmerksamkeit unterschiedlichen Gegenständen zu; alle verharren stumm und unbeweglich. Eine Erkenntnis ist hier Bild geworden, die Beckmann in seinem Tagebuch mit den Worten festhielt: „Einsam sind die Menschen unter sich".[55]

Nach dem Erleben des Krieges wandelt sich diese Empfindung nicht. In der Radierung „Gesellschaft" (1915, Abb. 40) stellt er links seine Freunde Friedel und Rudi Battenberg dar, die ihn in Frankfurt bei sich aufnahmen, und wohl sich selbst in dem halb von den beiden Personen rechts verdeckten Kopf. Alle wenden sich verschiedenen Richtungen zu, alle bleiben trotz der Nähe bei sich. In dem dichten Gedränge von „Straße II" (1916, Abb. 41) ist es nicht anders. Die weit den Mund zum Gähnen aufsperrende Frau aber ist ein ungewohntes, in Beckmanns Werk neuartiges Motiv. In der Radierung „Die Gähnenden" macht er es gar zum Hauptgegenstand der Szene, in welcher er oben sich selbst in solcher Haltung wiedergibt (1918, Abb. 53).

Die bekannteste Darstellung dieses Motivs in der älteren Kunst ist wohl das Gemälde „Der Gähnende" von Pieter

51 Leben in Berlin, a.a.O. (s. Anm. 5), S. 22 (9. 1. 1909).
52 Briefe im Kriege, a.a.O. (s. Anm. 4), S. 34 (5. 4. 1915).
53 Briefe im Kriege, S. 10 (24. 9. 1914), S. 28 (28. 3. 1915), S. 60.

(21. 5. 1915).
54 Briefe im Kriege, S. 64 (24. 5. 1915).
55 Leben in Berlin, a.a.O. (s. Anm. 5), S. 26 (14. 1. 1909).

Bruegel d. Ä. im Brüsseler Museum der Schönen Künste. Von seinem Besuch des Museums im April 1915 berichtet Beckmann zwar, dort habe er „wunderbare Breugels" gesehen, aber den „Gähnenden" kann er nicht meinen, da das Bild erst im Jahr 1949 für das Museum erworben wurde.[56] Beckmanns Vorliebe für diesen Künstler läßt aber möglich erscheinen, daß ihm das Bild aus einer Reproduktion bekannt war. Im Original gesehen hat er gewiß Adriaen Brouwers (1605/06 – 1638) Gemälde „Der bittere Trank", das sich seit 1872 im Städelschen Kunstinstitut in Frankfurt am Main befindet.[57] Ist der Anlaß auch ein anderer, so gleicht die verzerrte Physiognomie des Brouwerschen Mannes doch den Gebärden der Gestalten von Bruegel und Beckmann, die der Schläfrigkeit Ausdruck geben. In Hinsicht Bruegels wurde die Geste gedeutet als Zeichen der Sünde der Faulheit,[58] aber es „gehört im allgemeinen zum mittelalterlichen Krankheitsbild der Melancholie auch die Schläfrigkeit, das Laster der Acedia", der bedrückten Stimmung.[59]

Es steht dahin, ob Beckmann ikonographische Kenntnisse solcher Art hatte oder intuitiv dasselbe Zeichen „erfand", um die Melancholie zu vergegenwärtigen, unter deren Drangsalen er im Krieg und auch später häufig litt. „Nachdem ich also intensiv gearbeitet hatte, bekam ich einen Melancholieanfall und legte mich aufs Bett, verwünschte die Welt und das übrige", berichtet er im März 1915.[60] Melancholie war wohl ein Grundzug von Beckmanns psychischer Konstitution, aber in den Jahren der vom Kriegserlebnis ausgelösten Krise mußte diese Krankheit ihn umso schwerer bedrängen. Von ihr zeugt offenbar auch die Radierung „Der Abend" (1916, Abb. 56), die seine Freunde Battenberg und ihn selbst, gelähmt von Müdigkeit, zeigt; „Mitternacht" ist das ausgestellte Exemplar des Blatts eigenhändig bezeichnet. Und auch in seinem von der Hauptgruppe der „Familienszene" (1918, Abb. 48) separierten Selbstporträt mit geschlossenen Augen tut sich Depression kund und zugleich Beckmanns unfreiwillig-freiwillige Einsamkeit. Sein 1915 gefaßter Entschluß, sich zu trennen von seiner Frau, dem Sohn und der Schwiegermutter, die in dem Gruppenbild auftreten (s. auch Abb. 22, 27), erfolgte unter innerem Zwang, wie wohl zu Recht vermutet wurde: „Nach der Erfahrung des Kriegs erschien es ihm unmöglich, sein Leben mit irgendjemand zu teilen".[61]

In der Wiedergabe des Gähnens – auch in der deformierten Gestalt des Selbstbildnisses der „Familienszene" – äußert sich freilich ebenso das mit Beckmanns psychischer Not einhergehende Erleben der Welt als Groteske. Dieselbe Anschauung vermitteln die an Ensorsche Masken erinnernden Köpfe in „Theater" (1916, Abb. 55) und das närrische Getue der Männer in der Neujahrsnacht („Prosit Neujahr", 1917, Abb. 63), deren angestrengt-aufgesetztes Treiben wohl nur die eigene Verzweiflung übertönen soll, die sich unverblümt an anderem Ort zeigt, im „Irrenhaus" (1918, Abb. 49). Beckmann kann sich der Faszination des „Lebens", der „wahnsinnigen Passion für diese Spezies" Mensch – die er 1912 als „Die Vergnügten", in Wahrheit bereits damals als „Getriebene" festhielt (Abb. 28) – auch jetzt nicht entziehen, aber er muß sich vor ihr und dem wilden Dröhnen der Welt schützen: Am unteren Rand des Blattes „Cafémusik" erscheint er selbst, mit einer Binde vor den Augen (1918, Abb. 54).

Dieser sich auf thematisch-inhaltliche Gesichtspunkte beschränkende Überblick über Beckmanns graphisches Schaffen in seiner ersten Werkphase und im Krieg soll abgeschlossen werden mit einer kurzen Betrachtung einer Reihe von Selbstbildnissen und einer kleinen, 1918 entstandenen Gruppe von Landschaftsradierungen. Kennzeichnend für die „Mainlandschaft" (Abb. 52) ist das wie bei Munch in eine große Ornamentform gefaßte Bild des Raums, vor dessen Weite die Ausfahrt der Boote wie ein Wagnis erscheint. Die leeren Fahnenstangen in „Frühling" und „Landschaft mit Ballon" (Abb. 58, 60) haben den Charakter von Zeichen der Desillusionierung, der Leere, die das entschwundene Pathos zurückläßt. In beiden Blättern finden sich aber auch ferne Sinnbilder aufkeimender Hoffnung: In „Frühling" die Sonne, zu der das Paar am Fenster winkend aufschaut, und in dem zweiten Blatt der Ballon, der wie ein Phantom der Freiheit über die Landschaft schwebt.[62] Häufig wie nur wenige Künstler hat Beckmann den Versuch unternommen, sich im Porträt seiner selbst zu ver-

56 Briefe im Kriege, a.a.O. (s. Anm. 4), S. 36 (17. 4. 1915) – Zu dem Gemälde von Bruegel s. Koninklijke Musea voor Schone Kunsten van Belgie, Brüssel, Catalogus der Oude Schilderkunst, 2. Aufl., Brüssel 1959, Nr. 1098.

57 s. Städelsches Kunstinstitut, Verzeichnis der Gemälde aus dem Besitz des Städelschen Kunstinstituts und der Stadt Frankfurt, Frankfurt a. M. 1971, Abb. 49.

58 s. Musées Royaux des Beaux-Arts de Belgique, Bruxelles, Art Ancien, Brüssel, 3. Aufl., 1962, Nr. 34.

59 Günter Bandmann, Melancholie und Musik, Ikonographische Studien, Köln und Opladen 1960, S. 51, Anm. 102.

60 Briefe im Kriege, a.a.O. (s. Anm. 4), S. 28 (28. 3. 1915).

61 Übersetzt nach Selz, Beckmann, a.a.O. (s. Anm. 1), S. 25 – Siehe hier auch Anm. 37.

62 Zum Motiv des Ballons, zur Symbolik der „Auffahrt", s. auch Fischer, Beckmann – Symbol und Weltbild, a.a.O. (s. Anm. 2), S. 185. – In der Radierung „Landschaft mit Ballon" wird spiegelbildlich das gleichnamige Gemälde aus dem Jahr 1917 wiederholt (Köln, Museum Ludwig; s. Göpel, Beckmann, Kat. der Gemälde, a.a.O., s. Anm. 11, Nr. 195).

gewissern oder ein Bekenntnis von sich abzulegen. In den beiden Bildnissen von 1911 und 1913 (Abb. 25, 26) herrscht der Ausdruck von Ernst vor, an dessen Stelle dann – zunehmend bis zum „Selbstbildnis von vorn, im Hintergrund Hausgiebel" (1918) – Schwermut und Bitternis treten (Abb. 36, 47, 65, 66). In dem „Selbstbildnis mit Griffel" (1917, Abb. 65) stellt sich Beckmann zugleich als einen „Berufenen" dar, der das mit zwanghafter Ergriffenheit Geschaute in Bildern festhält. An innere Gesichte, die ihn heimsuchen, läßt der flackernde Blick des „Großen Selbstbildnisses" (Abb. 1) denken, das gegen Ende des Jahres 1919 entstand, wenige Monate nach Abschluß des „Hölle"-Zyklus. Auf zwei weitere Porträts, die außerhalb des bislang gewählten Zeitrahmens stehen, sei noch knapp verwiesen. Im „Selbstbildnis mit steifem Hut" (1921, Abb. 135) tritt uns Beckmann fragil, wie von langer Krankheit gezeichnet, entgegen. Die bürgerliche Garderobe unterstreicht diesen Eindruck noch. Man kann sie auffassen als eine zum Schutz angelegte „Verkleidung" bei einem noch zaghaft, mit hochgeschlagenem Mantelkragen angetretenen Ausgang. Aus dem in Holz geschnittenen „Selbstbildnis" von 1922 (Abb. 136) ist der Zug des Leidens nicht gewichen, aber aus ihm spricht doch nicht mehr Furchtsamkeit, sondern der entschiedene Wille auszuharren.

Die Bilder des „Hölle"-Zyklus

Als Beckmann unter dem Eindruck des deutschen Bürgerkriegs den „Hölle"-Zyklus zeichnete, war es bis zu seiner – nicht dauerhaften – Genesung von tiefer Depression noch eine beträchtliche Wegstrecke. Wie bei den graphischen Folgen „Gesichter" (Abb. 47), „Jahrmarkt" (1921, Abb. 98) und „Berliner Reise" (1922) kündigt auch zu Eingang des Zyklus von 1919 ein Selbstporträt an, daß Beckmann als ganze Person teilhat an dem Geschehen und daß er von diesem berichtet aus der Sicht des Betroffenen. In dem identischen Selbstporträt auf Umschlag und Titelblatt des Mappenwerks (Abb. 97 und s. Umschlag des Katalogs) blickt er mit gebannt starrenden Augen und sich wie ungewollt öffnendem Mund aus einer dicht an das Bild herangeschobenen, rechteckigen Rahmenform wie aus einem Kasten hervor. Die Pupillen in den weitgeöffneten Augen sind zu Punkten zusammengeschmolzen wie es bei übergroßem Lichteinfall geschieht. Die von rechts unten das Gesicht mit Härte treffende Lichtflut macht die Iris durchscheinend, läßt Adern und Falten sichtbar werden, zerklüftet die Physiognomie in helle Zonen und Schattenpartien. Diese werden jedoch nicht naturalistisch vergegenwärtigt, sondern durch eine lineare Gliederung des Gesichts und eigenwertige Formkürzel der Binnenzeichnung. Der Blick fällt zwar in Richtung des Betrachters, aber

94 Mann mit Krücke im Rollstuhl (Verwundeter Soldat), 1914, Feder, 15,7 x 12,8 cm, Staatsgalerie Stuttgart, Graphische Sammlung

geht durch uns hindurch. Mit fiebernder Aufmerksamkeit wird Beckmann Zeuge eines offenbar furchterregenden Vorgangs; angstvoll hat er seine Hände emporgezogen und hält sie zaghaft vor den Körper. Ihm stehen, so können wir annehmen, jene Emanationen der Hölle vor Augen, die er in den auf sein Porträt folgenden Bildern festgehalten hat.

Er stellt sich aber nicht nur als Zeugen des Geschehens vor, sondern tritt ebenso auf als Werber, der das Publikum zu einer Vorstellung einlädt. Sein ringsum in dreieckige Spitzen auslaufender Kragen erinnert an das Kostüm eines Zirkusclowns, und der Ort, an dem er sich befindet, ist der Luke eines Kassengehäuses nicht unähnlich. Darunter stehen auf dem Umschlag der Mappe die Sätze: „Wir bitten das geehrte Publikum näher zu treten. Es hat die angenehme Aussicht sich vielleicht 10 Minuten nicht zu langweilen. Wer nicht zufrieden bekommt sein Geld zurück." Und oberhalb des „Fensters" wird „Die Hölle" angekündigt als „Großes Spektakel in 10 Bildern von Beckmann".

Der Künstler figuriert hier in ähnlicher Rolle wie der ebenso von ihm gespielte, vor einer Tafel mit der Auf-

schrift CIRCUS BECKM(ANN) postierte „Ausrufer"
eingangs der „Jahrmarkt"-Folge (Abb. 98). Enthält diese
aber tatsächlich Szenen vom Rummelplatz, so müssen
die Bezeichnung „Spektakel" und der mit der Kleidung
des Werbers gegebene Hinweis angesichts der „Hölle"-
Thematik ungewöhnlich erscheinen. Sie erklären sich
aus Beckmanns als Selbstschutz zu verstehender Maxi-
me, daß Leben dann noch am ehesten zu durchleiden sei,
wenn man es als Zirkus, Jahrmarkt, Theater verstünde.
Im Krieg, als er den „unsagbaren Widersinn" der
menschlichen Existenz erfuhr, trat diese Formel zum
ersten Mal auf. 1914 schrieb er an den oberen Rand einer
Zeichnung, die einen verwundeten Soldaten zeigt:
„Theatre du Monde – Grand Spectakel de la Vie"
(Abb. 94).
Als distanzierende Umschreibung des Lebens blieb seit-
her in Beckmanns Werk und in seinen schriftlichen
Äußerungen der Gedanke vom „Welttheater" lebendig.
Diesen Titel wollte er ursprünglich der Folge „Gesichter" (Abb. 47–65) geben,[63] und in seinem Amsterdamer Exil notierte er 1940: „Wenn man dies alles – den
ganzen Krieg, oder auch das ganze Leben nur als eine
Szene im Theater der Unendlichkeit auffaßt, ist vieles
leichter zu ertragen."[64] Dem Jahr 1923 entstammt die
Radierung „Der Vorhang hebt sich" (Abb. 96): Auf die
Bühne treten eine junge Frau – mit weisend emporge-
hobener Hand und einem großen Blasinstrument – und
der Tod. Er bewegt sich auf zwei weitere Frauen zu; die
eine trägt eine Krone, die andere sitzt mit gespreizten
Beinen auf einem großen Reptil. Die Frau mit der Tute
kann man als einen Engel des Gerichts verstehen, die
beiden anderen als Verkörperungen der irdischen Macht
und der Wollust. Ihnen ist der Tod bestimmt, wie nicht
nur in dessen leibhaftigem Auftritt angezeigt ist, sondern
ebenso in den beiden, zu Füßen des „Engels" umstürzen-
den Kerzen; ein Zeichen oder „Dingsymbol", das Beckmann offenbar in Abwandlung der Ikonographie vornehmlich niederländischer Malerei des 15. Jahrhunderts
in seine Bildsprache übernommen hat.[65] Oberhalb der

95 Die Seiltänzer, 1921, Kat. 88

96 Der Vorhang hebt sich, 1923, Kat. 94

63 s. von Wiese, Beckmanns zeichnerisches Werk, a. a. O. (s. Anm. 8),
   S. 113.
64 Beckmann, Tagebücher, 1940–1950, a. a. O. (s. Anm. 1), S. 11
   (12. 9. 1940).
65 Den Begriff „Dingsymbol" führte Fischer (Beckmann – Symbol
   und Weltbild, a. a. O., s. Anm. 2, S. 35) in die Beckmann-Literatur
   mit dem Hinweis ein, daß Gegenstände wie die Kerzen bei Beckmann „mehr als ihren Gebrauchswert und ihre Ästhetik" ver-
   körpern. „Es sind nicht nur Attribute oder allegorische Vehikel,
   sie haben aber auch nicht die mythische Kraft von Symbolen;
   das konkret Dinghafte an ihnen ist sehr wichtig." – Nicht die
   umstürzende, sondern die verlöschende Kerze erscheint in der
   niederländischen Malerei jener Zeit als Zeichen des Todes, so z. B.
   im „Tod Mariens" von Hugo van den Goes (um 1440–1482) im
   Groeningemuseum, Brügge.

Schulter der gekrönten Frau wird man eines Mannes gewahr, der aus der Kulisse gespannt die Aufführung verfolgt. Vieles spricht dafür, daß dieser Beobachter niemand anders als Beckmann ist: „Nein – seelenlos bin ich nicht. – Aber ich kenne und muß meine Grenzen halten – denn ich bin trotz allem Zuschauer." So beschreibt er im Tagebuch aus seinem letzten Lebensjahrzehnt seine Haltung gegenüber dem Geschehen auf der Bühne der Welt.[66]

Er ist Zuschauer, aber er stellt sich auch als Mitspieler vor, als Zirkusdirektor in dem Gemälde „Der Zirkuswagen" von 1940,[67] als Clown auf dem Titelblatt der „Hölle" und in einem zwei Jahre später entstandenen Gemälde (Abb. 118) oder als einen Akrobaten, der nicht-sehend einen gewagten Akt zu vollführen hat. In einer Widmung an seine erste Frau nannte er „Die Seiltänzer" aus der Folge „Jahrmarkt": „Unser beider Selbstbildnis" (Abb. 95).[68] In der Lithographie „Jahrmarktbude" von 1912 (Abb. 21) mag man noch ein nichts weiter besagendes Zeugnis sehen für die Anziehungskraft, die der Zirkus und verwandte Schaustellerei seinerzeit ausübten und die Carl Einstein mit den Worten erläuterte: „In den Zirkus hatte sich ein Rest gewerblicher Sauberkeit gerettet, dort erkämpften noch die Akrobaten Befreitheit von der Schwerkraft ehrlich mit hundertprozentiger Todesgefahr."[69] 1921 verkündet Beckmann in der „Gewandung" des Zirkus, im Drahtseilakt, seine Auffassung vom Leben als eines von Ungewißheit bestimmten Spiels. Von hier ist es nur ein kurzer Gedankenschritt, auch das Riesenrad hinter der Seiltänzerin als Zeichen zu verstehen, als eine Variante jenes die unvorhersehbaren Wechsel des menschlichen Geschicks symbolisierenden Lebensrads, das die Speichen im Gestirn der „Auferstehung" andeuten (Abb. 57).[70]

Das Selbstporträt und der begleitende Text auf dem Umschlag der „Hölle" zeigen die Rahmenvorstellung für das Verständnis des Zyklus an, der im Folgenden entsprechend seiner vorgegebenen Ordnung betrachtet wird. Hauptmotiv von Blatt 1, „Der Nachhauseweg" (Abb. 101), ist die nächtliche Begegnung des Künstlers mit einem zur Unkenntlichkeit verstümmelt aus dem Krieg heimgekehrten, wahrscheinlich blinden Soldaten.

Beckmanns fragender Blick und seine nach rechts über die Szene hinausdeutende Hand lassen den Schluß zu, er sei angesprochen worden von dem Blinden und suche zu erkunden, welchen Weg dieser gehen wolle. Die „Hölle" durchschreiten sie nicht gemeinsam; in dem folgenden Bild, „Die Straße" (Abb. 102), herrscht Tag und die Personen sind andere. Die Wiedergabe des Zusammentreffens auf dem „Nachhauseweg" markiert auch nicht den Beginn einer kontinuierlichen Wanderung Beckmanns durch das Inferno, sie ist das Introitus zur geistigen und darstellerischen Anlage seines Berichts von einzelnen, auf unterschiedlichen Wegen „gesehenen" Abgründen.

Otto Dix stellte 1920 einen Kriegskrüppel dar in dem „Streichholzhändler", an dem die Menschen vorbeihasten und den ein Hund anpinkelt wie einen toten Gegenstand (Abb. 139). Drastisch referiert Dix eine Alltagssituation getreu seiner Beteuerung: „So ist das gewesen und nicht anders."[71] Auch Beckmanns Erzählweise ist nicht beschönigend, aber er operiert mit den Gegenständen als Zeichen, die er einander konfrontiert: Die inmitten der Straße stehende Frau mit den beiden an Krücken gehenden Invaliden, seine weisende und die eine Zigarre haltende Hand mit dem toten Armstumpf, das schmerzhaft blendende Licht der Laterne über dem zerstörten Gesicht mit der verhalten leuchtenden Laterne, die ihm selbst zugeordnet ist, schließlich sein eigenes Gesicht mit jenem des Kriegskrüppels, dem er sich im Wortsinn und Anteil nehmend zuwendet. Die entsprechende und vom inhaltlichen Zusammenhang zu erwartende Gegenbewegung erfolgt jedoch nicht, sondern der Kriegsversehrte wendet abrupt seinen Kopf und stellt sich dem Betrachter zur Schau. Damit löst Beckmann ihn in gewissem Maß aus dem Kontext der Erzählung und gibt dem Bild des geschundenen Menschen Zeichencharakter. Dieselbe Verbindung eines Profilkopfs mit einer demonstrativ en face sich darbietenden Gestalt zeigen die Radierung „Der Neger" aus „Jahrmarkt" (Abb. 99) und „Christus und Pilatus" aus der lithographischen Folge „Day and Dream" (1946, Abb. 100). Aber erst in dem letztgenannten Werk spricht Beckmann offen die Assoziation aus, auf die er den

66 Beckmann, Tagebücher, 1940–1950, a. a. O. (s. Anm. 1), S. 78 (2. 6. 1944).

67 Städelsches Kunstinstitut, Frankfurt a. M., s. Göpel, Beckmann, Kat. der Gemälde, a. a. O. (s. Anm. 11), Nr. 552.

68 s. Fischer, Beckmann – Symbol und Weltbild, a. a. O. (s. Anm. 2), S. 40, Anm. 105. Aus Beckmanns Kennzeichnung der „Seiltänzer" läßt sich der Schluß ziehen, daß Minna Beckmann-Tube auch gemeint ist mit der zwischen „Engel" und Tod sichtbar werdenden Frau in „Der Vorhang hebt sich", die ebenfalls als Zuschauerin zu denken ist.

69 Einführung zum Ausstellungskat. George Grosz, Kunstkammer Martin Wasservogel, Berlin 1926, S. 5.

70 Der Kontext des Blattes aus der Folge „Jahrmarkt" legt nahe, in dem Riesenrad eine Anspielung auf das Glücksrad zu sehen, während Fischer das Rad in „Auferstehung", auf das er als erster hinwies, als „Symbol mechanischen Ablaufs" versteht; s. Fischer, Beckmann – Symbol und Weltbild, a. a. O. (s. Anm. 2), S. 25, S. 205, S. 211.

71 Otto Dix 1963 in einem Gespräch mit Freunden; abgedruckt als Motto zum Ausstellungskat. Dix, Galerie der Stadt Stuttgart, 1971.

97 Die Hölle, 1919, Umschlagbild, Kat. 66

98 Der Ausrufer, 1921, Kat. 86

die kräftig markierte Vertikale des Laternenmastes die zahlreichen Diagonalen und steilen Schrägen umso klarer sich abzeichnen; in derselben Weise wirken die Rundungen von Hut und Mütze in Bezug auf die vielfach auftretenden spitzwinkligen Formen. Und die psychische Spannung scheint unmittelbar in „sprechende" Form übersetzt, wenn einzelne Gegenstände wie die Laternenspitze oder Beckmanns Schulter die innerbildliche Rahmenlinie überschreiten, als wäre diese zu eng gezogen. Eine Vorstufe dieses Motives findet sich bereits in der Lithographie „Die Würfler unter dem Kreuz" (1911, Abb. 13), wo die von dem Nagel durchbohrte Hand über den oberen Bildrand hinausreicht. Diesem expressiven, die Marter betonenden „Kunstgriff" kann man die Hervorhebung der schneidend-scharfkantigen Spitze der Laterne an die Seite stellen.

Der Laternenkörper selbst wie auch die „aus dem Bild" herausgeschobene Schulter wirken jedoch auf zweifache Weise. Sie sind Flächenformen, die zugleich Räumlichkeit anzeigen. In der „Schöpferischen Konfession" (S. 52) weist Beckmann auf eine solche Verbindung mit den Worten hin: „Das Wichtigste ist mir die Rundheit eingefangen in Höhe und Breite. Die Rundheit in der Fläche, die Tiefe im Gefühl der Fläche, die Architektur des Bildes." Eine kontinuierliche, an den Gegenständen in mäßig großen Schritten ablesbare Entwicklung des Raums vom Vorder- zum Hintergrund vergegenwärtigt Beckmann weder in „Nachhauseweg" noch in den anderen Blättern des „Hölle"-Zyklus. Und er bindet die Gegenstände in der Fläche dicht aneinander: Durch vielfältige direkte oder reziproke Parallelismen der Form, wie etwa in der Haltung der Arme, und durch die Identität von Konturen, wie bei dem Kopf des Hundes und dem Unterarm des eigenen Bildnisses.

Um den Eindruck von Rundheit und Tiefe „in der Fläche" hervorzurufen, bedient er sich verschiedenartiger Mittel, die an dem Blatt „Nachhauseweg" beispielhaft beschrieben werden sollen. Die Schulterpartie erweist sich als raumhaltig aufgrund der hier gewählten Sicht von oben auf den Körper und wegen dessen Wendung nach außen. Als heftig ist die erzielte Raumwirkung zu charakterisieren wegen des Hinausgreifens über die innere Rahmung, zugleich aber als „eingeschnürt": Die Schulterlinie hat unverändert teil an der Formulierung des Flächengerüsts, in welchem sie als unmittelbares Pendant zu dem diagonal verlaufenden Kontur des Oberarms des Kriegsversehrten erscheint.

Betrachter auch lenkt in den Bildern der durch ihre Hautfarbe oder ihre Verstümmelung gezeichneten Menschen: Sie sind neuzeitliche Vergegenwärtigungen des Ecce Homo.[72]

In Erinnerung an die Ausganssituation der Szene mag man den in der vorderen Bildzone erscheinenden Hund als „Blindenhund" bezeichnen,[73] aber die Tonlage der Darstellung macht dies vergessen. In dem sowohl bedrohlichen als auch angstvoll erregten Charakter des Tiers setzt Beckmann gegensätzliche Phänomene in eins, die er ansonsten einander gegenüberstellt. Insofern ist der Hund als ein „Dingsymbol" der Spannungsdichte der Begegnung zu verstehen. Sein Auftreten an prominentem Bildort gemeinsam mit den Menschen unterstreicht jedoch zugleich auch deren kreatürliches Sein.

Das Verfahren, Gegenstände miteinander zu konfrontieren, die widersprüchliche Assoziationen auslösen, findet in der Flächenorganisation seine Entsprechung. So läßt

72 Auf die Verwandschaft zwischen den Blättern „Der Neger" und „Christus und Pilatus" verwies bereits Fischer (Beckmann – Symbol und Weltbild, a. a. O., s. Anm. 2, S. 42). „Es dürfte auch kein Zufall sein, daß ein Zwischenstand des „Jahrmarkt"-Blattes „die Silbe WI, der endgültige Zustand aber die deutlich lesbare Silbe KEIT enthält. Das Wort ‚Ewigkeit' ist später noch mehrmals in Bilder hinein verschlüsselt worden." (ebda.) „Der ‚Harlekin' neben dem Neger vertritt offenbar Pilatus (vgl. die Andeutung eines Lorbeerkranzes am Hinterkopf und die zeigende Geste)." (ebda.; Anm. 120).

73 Walter Menne, Gedanken zu Max Beckmann, Die Hölle, Frankfurt a. M. 1960, s. den Text zu Blatt 1 der Folge.

Kennzeichnend für die „Architektur" der Bilder Beckmanns in dieser Zeit ist die dem Betrachter abverlangte Bemühung, sich fortgesetzt neu zu orientieren, nicht nur in Bezug auf den Raum- und Flächencharakter, sondern auch innerhalb des Raumbilds. So wird die Laterne rechts als Körper begreifbar, sie gewinnt „Rundheit", Volumen, da sie in Untersicht wiedergegeben ist, während Schulter und Hut unmittelbar darunter in Aufsicht erscheinen. Und zusätzliches Umorientieren erfordert die Neigung der Laterne nach links. Dies deutet jedoch nicht tatsächliches „Schwanken" oder Stürzen an wie bei den Kerzen in „Der Vorhang hebt sich" (Abb. 96), sondern erklärt sich aus Beckmanns Wahl eines „gekippten" Blickwinkels, der ein neuerliches Moment von Räumlichkeit einbringt und die Laterne, gemessen an der Vertikale, „aus dem Lot" geraten läßt. Ähnlichen Phänomenen begegnet man bei der Schrägstellung des Stuhls (?) links unten in dem Blatt „Die Ideologen" (Abb. 115), der Flasche an gleichem Bildort in „Malepartus" (Abb. 126), des Fensterflügels in der „Nacht" (Abb. 117). Der demolierte Stuhl in „Die Letzten" (Abb. 132) erscheint „verzogen", da Sitzfläche und Rückenlehne aus unterschiedlichen Blickwinkeln gezeichnet sind.

Zwei wechselseitig sich steigernde Wirkungen der Rahmenlinie in „Nachhauseweg" wurden bislang genannt: Sie ruft den Eindruck von räumlicher Enge hervor, intensiviert damit jedoch auch die Raumhaltigkeit der Schulterpartie. Eine dritte gewichtige Rolle spielt sie im Rahmen des Postulats, sich der Gegebenheiten des Bildes wiederholt neu zu vergewissern. Sie läßt sich als Begrenzung eines „Fensters" lesen, in welchem die linke, ganz vorn stehende Laterne nur in einem Ausschnitt sichtbar wird. Folgt man dieser Sehweise, so befinden sich nicht nur Beckmanns Schulter, sondern auch eher der Fläche eingebundene Gegenstände wie die Zunge des Hundes, die Spitze seines Schwanzes und der Rücken des Kriegsversehrten gleichsam vor dem Bild, nämlich in dem Raum, dem auch der Betrachter angehört. Die Distanz zu Gegenständen, die ohnehin nahegesehen sind, wird auf solche Weise noch verringert, aber Beckmann rückt mit demselben Mittel des Überschreitens der Rahmenlinie, erneutes Umdenken verlangend, auch die tiefer im Raum angesiedelt zu denkende Laterne rechts in die vorderste Sehebene, so daß sie unverhofft näher erscheint als ihr Gegenstück auf der Linken und der Raum „zusammengepreßt" wird.

Mit demselben Grad an Plötzlichkeit stellt sich schließ-

lich auch die im Gegenzug erweckte Vorstellung von Raumtiefe ein, da die von der außerordentlichen Größendifferenz angezeigte Entfernung zwischen Vorder- und Hintergrundgestalten nicht mehr nachzuvollziehen ist. In der Fläche treten die drei letzteren Gestalten übereinander auf, aber aus dieser Kompositionsweise entsteht hier ebensowenig ein flaches Ornament wie in jener Partie, wo Schulter, Gesicht, Hut und Laterne „aufeinandergetürmt" sich darbieten. Das Übereinander der Gegenstände in der Fläche ist bei Beckmann nicht Ersatz für ihr räumliches Hintereinander, sondern die Flächenorganisation impliziert gleicherweise Raum, freilich einen Raum, der unserer geläufigen Sehweise nur von fern entspricht. Der Durchblick zwischen den Hauptgestalten und den Häusern ist als schmaler Streifen innerhalb des Flächenbilds lesbar, zugleich aber als eine in nicht meßbarer Tiefe angesiedelte Raumschlucht, in welcher der von der vorderen Ebene bekannte, rasche Wechsel von der Auf- zur Untersicht noch einmal sich vollzieht. In Aufsicht ist das steil hochgezogene Kopfsteinpflaster gegeben, in Untersicht sind die Silhouettengestalten der Kriegsinvaliden erfaßt, und zwischen diesen beiden Zonen vermittelt die Frauengestalt auf eine höchst ungewöhnliche Weise, da ungeklärt bleibt, ob sie in Vorder- oder in Rückansicht wiedergegeben ist.

Abgesehen von dieser spezifischen Gestaltungsweise, die Beckmann in der „Hölle" nicht wieder aufgegriffen und auch in anderen Werken nur selten angewandt hat,[74] lassen sich die Ergebnisse der Betrachtung von Raum und Fläche in „Nachhauseweg" auf die übrigen Blätter der Folge weitgehend übertragen. Extreme Nahsicht wie im ersten Blatt tritt zwar allein im „Patriotischen Lied" und der „Familie" (Abb. 129, 134) erneut wieder auf; zumeist erscheinen die vordersten Gegenstände in mittlerer Distanz. Gemeinsam aber sind den Blättern die folgenden Kriterien: Enge des Raums und Fehlen des einheitlichen Sichtpunktes; stattdessen Wiedergabe der Gegenstände aus unterschiedlichen, zuweilen abrupt wechselnden Blickwinkeln. Tritt Tiefenraum in Erscheinung, so wird er jäh erreicht. „Vorn" und „Hinten" im Raum sind keine definitiven Tatbestände; ihre Umkehr – wie bei der Laterne des „Nachhausewegs" und in einer Sonderform, die erst im zweiten Blatt der Folge zu beobachten ist – verstärkt noch den Eindruck von der Diskontinuität des Raums und seiner Dichte. Und schließlich: Der Raum erscheint als ein Element von außerordentlicher Dynamik, das seine Energien im

---

74 Weit später, in der Mitteltafel des Triptychons „Karneval" (1942–1943, Iowa City, The University of Iowa, Museum of Art; s. Göpel, Beckmann, Kat. der Gemälde, a. a. O., s. Anm. 11, Nr. 649) zeigt Beckmann eine Frau in ähnlicher Doppelansichtigkeit, die der Gestalt einen ihre Präsenz steigernden, rings um sie herumreichenden „Raumhof" gibt.

Wortsinn unvorhersehbar entfaltet; die Flächenorganisation stellt sich als zwanghafte Ordnung dar, in welcher
jedem Gegenstand ein unverrückbarer Platz zugewiesen
ist. Da die „Bausteine" von Beckmanns Bild-„Architektur" aber doppeldeutig sind – die meisten Glieder des
Flächenbilds sich als raumhaltig erweisen und alle Raum
anzeigenden Formen konstitutive Bestandteile des
Flächenbilds sind –, erhält die „Rundheit in der Fläche"
den Charakter des Ausbruchs aus einer Fesselung, der
mit ungewöhnlichem Nachdruck betrieben und gleichzeitig gewaltsam unterbunden wird.

Formale Voraussetzung für eine Bildgestalt dieser Art ist
die knappe, zeichnerisch-lineare Definition des Gegenstands anstelle seiner Vergegenwärtigung in jener male-
rischen, die Lichtführung als dramaturgisches Element
einsetzenden Weise, die etwa für Beckmanns „Sechs
Lithographien zum Neuen Testament" kennzeichnend
ist (1911, Abb. 13–15). Bereits seine Hinwendung zur
Kaltnadelradierung im Jahr 1912, deren technische Bedingungen eine gewisse Härte des Strichs unausweich-
lich machen, kann als ein Symptom für den Wunsch
verstanden werden, zu einer anderen Wiedergabe des
Gegenstands zu gelangen. Nach Beckmanns Kriegserlebnis 1914/1915 mehren sich die Anzeichen eines
Wandels, der sich jedoch nicht geradlinig vollzieht.
Vielmehr erscheinen die Jahre bis 1918 aus späterer Sicht
als eine Phase des Experimentierens, die sowohl Vor- als

auch Rückgriffe einschließt. So lassen sich zwar die
Unterschiede zwischen den 1915 bzw. 1916 entstandenen
Blättern „Gesellschaft" und „Straße II" (Abb. 40, 41) – ein
„Gestrüpp" kurviger Linienzüge und Offenheit der
oberen Bildzone dort, Verhärtung der Form und
Schließung der Bildfläche hier – als Beleg einer fort-
schreitenden Entwicklung zu Beckmanns neuer Bild-
sprache lesen, aber die ebenso dem Jahr 1916 entstam-
mende Radierung „Liebespaar I" (Abb. 50) führt in der
Formbildung nicht hinaus über „Die Nacht" von 1914
(Abb. 30).

Man begegnet zunächst demselben Mangel an Eindeu-
tigkeit, wenn man nach kunsthistorischen Quellen fragt
für diese 1918 – etwa in „Liebespaar II" und „Cafémusik"
(Abb. 51, 54) und schließlich mit der „Hölle" – sich als
abgeschlossen darbietende Entwicklung. Auch auf sie
dürfte eine Äußerung von Hans Kaiser zu übertragen
sein, der 1913 die erste Beckmann-Monographie veröffentlicht hatte: „Es gibt nicht viele Große, denen er
nicht eine Anregung verdankte."[75] In der Einführung

75 zitiert nach: Leben in Berlin, a. a. O. (s. Anm. 5), Anm. 41.

100 Christus und Pilatus, 1946, Kat. 95

99 Der Neger, 1921, Kat. 87

101 Die Hölle, 1919, Bl. 1, Der Nachhauseweg, Kat. 68

konnte auf mehrere Zeugnisse für Beckmanns weit-
reichende Kenntnis älterer Kunst verwiesen werden;
der Rückblick auf sein der „Hölle" vorangehendes graphisches Werk gab Anlaß, sowohl James Ensor als auch
Edvard Munch zu nennen. Mit Blick auf die mehrfache
Konturierung einzelner Gegenstände in der „Landschaft
mit Ballon" (1918, Abb. 60) möchte man den Namen van
Goghs hinzufügen, den Beckmann 1917 in eine Reihe
stellte mit anderen „großen Malern männlicher Mystik",
mit Maeleskircher, Grünewald und Bruegel.[76] Ihnen und
Cézanne spricht er in der „Schöpferischen Konfession"
des folgenden Jahres jene „transzendente Sachlichkeit"
zu, die er sich selbst zum Ziel setzt (S. 52). Ein Einfluß
dieser Künstler auf Beckmanns Raum- und Flächengestaltung ist aber konkret nicht faßbar – oder wie im Fall
van Goghs allein in Bezug auf eine bestimmte Formgebung nachzuvollziehen.

Mit der Erwähnung der drei älteren Meister deutet er
jedoch sein außergewöhnlich lebendiges Interesse an der
nordischen Kunst des 15. und 16. Jahrhunderts an, das
auch durch weitere Zeugnisse hinreichend belegt ist. Im
April 1915 besuchte er das Museum in Brüssel und berichtete in einem der „Briefe im Kriege", daß er dort
„wunderbare" Gemälde Bruegels und „herrliche" Rogier
van der Weydens gesehen habe; „der intensivste Eindruck war" ein „Porträt von Cranach", und „einige unbe-
kannte deutsche Primitive" zogen ihn an „durch ihre fast
brutale, rohe Innigkeit, ihre robuste, fast bäurische
Kraft."[77] Curt Glasers 1916 in München mit reichem
Abbildungsteil erschienene, denselben Zeitraum um-
fassende Darstellung „Zwei Jahrhunderte deutscher
Malerei" hat Beckmann besessen, und kurz vor seinem
Tod äußerte er, „wie bedeutsam diese Künstler für sein
eigenes Werk" gewesen seien.[78] Auf ikonographische
Bezüge wurde bereits bei der Betrachtung des Blattes
„Der Vorhang hebt sich" (Abb. 96) verwiesen, das Ge-
mälde „Kreuzabnahme" von 1917 und die ihm folgende
Radierung (1918, Abb. 59) sind offensichtlich unmittel-
bar der spätmittelalterlichen Kunst verpflichtet, sowohl
in der allgemeinen Anlage wie auch der Haltung und
Gestik. Einzelne Gestalten der „Auferstehung" (Gemäl-

de, 1916–1918; Radierung, 1918, Abb. 57) scheinen nicht
denkbar ohne Beckmanns Kenntnis von Darstellungen
der Moriskentänzer in Skulpturen oder der Graphik des
ausgehenden Mittelalters (Abb. 124).[79] In Werken dieser
Zeit findet sich schließlich auch eine Fülle von Beispielen
für die bereits in der „Auferstehung" praktizierte Wiedergabe der Gegenstände aus wechselnden Blickpunk-
ten, der Auf- wie auch der Untersicht.

Beckmann entwickelte die „Architektur" seiner Bilder
freilich nicht „außerhalb der Zeit" allein in abgeschiede-
ner Zwiesprache mit den „alten Meistern". Er trat vielmehr mit dem Wandel seiner Gestaltungsweise in die –
von seiner Seite vornehmlich mit Werken geführte –
Diskussion um eine der grundsätzlichen Fragestellun-
gen der Moderne ein, um das Verhältnis von Raum und
Fläche im Bild. Die sich im „Hölle"-Zyklus manifestie-
rende Antwort, die er selbst auf diese Frage gab, ruft beim
ersten Sinneseindruck sicherlich die Erinnerung an
mancherlei Werke des Expressionismus und des Kubismus wach, und von dort – etwa von Kirchner und
Picasso (Abb. 103, 104) – mag er auch Anregungen erhalten haben. Sie könnten die Reduktion des Erschei-
nungsbildes der Gegenstände auf wenige Linienzüge
und die kantige, häufig spitzwinklige Formgebung
betreffen, aber eine weitergehende Affinität ist nicht auszumachen. Im Vergleich zu Beckmanns Bildkonzeption
– der Identität von Flächen- und Raumelementen – legen
Kirchner und die anderen „Brücke"-Künstler das
Schwergewicht auf das Flächenbild. In Ludwig Meidners
Werk aus der Vorkriegszeit (Abb. 102), dem Beckmann
nach eigenen Worten Anstöße verdanke,[80] überwiegen
hingegen die vom Futurismus herzuleitenden eruptiven
Züge, die in den „Hölle"-Blättern von der rigorosen
Flächenbindung aufgefangen werden. Da Beckmann
dieses Ziel nicht selten mit Parallelismen der Form –
besonders deutlich in „Martyrium" und der „Nacht"
(Abb. 108, 117) – zu erreichen suchte, erscheint es gut
denkbar, daß er Impulse auch von jenem Künstler
empfing, der den Parallelismus zu seinem Programm
erhoben hatte, von Ferdinand Hodler.[81] Dessen sym-
metrische Bildordnung greift er jedoch nicht auf, und

76 s. Anm. 14.
77 Briefe im Kriege, a. a. O. (s. Anm. 4), S. 36 (17. 4. 1915).
78 übersetzt nach Selz, Beckmann, a. a. O. (s. Anm. 1), Anm. 31.
79 Auf die Skulpturen des Erasmus Grasser verwies in diesem Zusammenhang von Wiese; s. Beckmanns zeichnerisches Werk,
   a. a. O. (s. Anm. 8), Anm. 282.
80 s. Thomas Grochowiak, Ludwig Meidner, Recklinghausen 1966,
   S. 38.
81 Hodler wurde 1900 Mitglied der Berliner Sezession und stellte vor
   dem Ersten Weltkrieg mehrfach in Berlin aus, u. a. 1907 bei Paul

Cassirer (s. Jura Brüschweiler, F. Hodler, Chronologische Über-
sicht, in: Kat. F. H., Nationalgalerie Berlin, 1983, S. 43 ff; S. 126,
S. 142). Die einzige bekannte Äußerung Beckmanns zu Hodler
findet sich in der Charakterisierung des Gemäldes eines Bekannten, das ihm „in der Dunkelheit etwas Gauguinsch und Hodlersch
vorkam. Was aber nichts sagen soll." (Leben in Berlin, a. a. O.,
s. Anm. 5, S. 10, 30. 12. 1908.) Dieser eher negativ zu verstehende
Ton dürfte jedoch nicht hinreichen, eine spätere Anlehnung an
Hodler in Bezug auf den Parallelismus auszuschließen.

102 Ludwig Meidner, Straße in Wilmersdorf, 1913, Kat. 101

103 Ernst Ludwig Kirchner, Straßenszene, 1914, Kat. 110

auch die möglichen Bezüge zu Picasso richten sich allein auf die genannten Teilaspekte, nicht etwa auf die Bildkonzeption des „analytischen" Kubismus, der den einzelnen Gegenstand in eine Vielzahl von Teilansichten „zerlegt", oder die in der zweiten, der „synthetischen" Spielart des Kubismus auftretenden „freien" Formen (Abb. 104), die zwar die Erinnerung an Gegenständliches wachrufen, bei weitem aber nicht jene Dinglichkeit besitzen, die sich bei Beckmann selbst dann aufdrängt, wenn das tatsächlich gemeinte Objekt nur schwerlich zu identifizieren ist.

Aus „Kunsterlebnissen" erhielt Beckmann ohne Zweifel eine Reihe von Anstößen für seine Raum- und Flächengestaltung, aber vor der Gefahr des Eklektizismus war er gefeit, da seine Bildsprache zugleich unmittelbar gründet in seiner Erfahrung des Lebens. Er selbst deutet an, und zwar erneut in der „Schöpferischen Konfession" (S. 52), wie diese Beziehung zu denken ist: „Je schwerer und tiefer die Erschütterung über unser Dasein in mir brennt, um so verschlossener wird mein Mund, um so kälter mein Wille, dieses schaurig zuckende Monstrum von Vitalität zu packen und in glasklare scharfe Linien und Flächen einzusperren, niederzudrücken, zu erwürgen." In diesen Worten ist die zwanghafte Ordnung der Flächenorganisation leicht wiederzuerkennen, und da sie in der Tat die Funktion hat, „einzusperren" und „niederzudrücken", drängt sich der Schluß auf, daß Beckmann als bildnerisches Äquivalent für das „Monstrum von Vitalität" – für die menschliche Natur – die dynamische, unvorhersehbare, „Vorn" und „Hinten" umkehrende Entwicklung des Raums verstanden hat. Damit aber erhält der „Symbolismus", der Beckmann zuweilen attestiert wird,[82] ein zweifaches Gesicht: Nicht allein auf die sich schneller Lesbarkeit entziehende Zeichensprache läßt der Begriff sich anwenden, sondern auch Beckmanns Umgang mit Raum und Fläche besitzt „symbolistische" Qualität, da die „Form" bereits „Inhalt" vermittelt.

Dieser Inhalt – die Ungeheuerlichkeit der menschlichen Natur, die es „einzusperren", die es zu bannen gilt – gibt sich als die überwölbende Botschaft des „Hölle"-Zyklus zu erkennen, die der jeweils eigenen Aussage der Einzelblätter „vorgeschaltet" ist. Das grundsätzliche Verhältnis von Raum und Fläche verleiht ihnen eine gemeinsame Elementarstruktur, die analog zur jeweiligen Thematik eine besondere Ausprägung erfährt; in „Nachhauseweg" z. B., der Konfrontation der Gestalten entsprechend, durch das Nebeneinander von Flächenelementen gegensätzlichen Charakters.

82 s. z. B. die in der Einführung zitierte Äußerung von Perry T. Rathbone (Anm. 1).

Das Bildfeld der „Straße" (Abb. 105) ist in der Weise „eines intarsienhaften Auf-Lücke-Setzens"[83] fast gänzlich angefüllt mit Köpfen und Gliedmaßen von Menschen, die sich nach vorn, in die Gegenrichtung und zu den Seiten bewegen und wenden. Ihre Bewegung erscheint ziel- und sinnlos, da sich begehbarer Raum zwischen ihnen nicht auftut: Ein tumultöses Geschehen, an dem Vertreter der verschiedenartigsten Gesellschaftsgruppen teilnehmen, bei dem nahezu jeder für sich bleibt und dessen Aberwitz sich in der faktischen Immobilität offenbart. Den Gedanken an frei sich fortsetzenden Raum lassen allein zwei Partien des Bildes zu: Der Himmelsausschnitt, der rechts verdeckt wird von einem Gehäuse, in dem zwei puppenhafte weibliche Gestalten sich zeigen, und die untere Zone vorn, wo ein aus dem Mund blutender Mann von einem Paar in stürzender Bewegung fortgetragen wird.

Da das dritte Blatt des Zyklus, „Das Martyrium" (Abb. 108), als Darstellung der Ermordung Rosa Luxemburgs zu verstehen ist,[84] läßt sich schließen, daß auch mit dem offenbar tödlich getroffenen Mann des Straßenbildes nicht irgendein Opfer des Bürgerkriegs, sondern eine bestimmte Person gemeint ist. Dabei wäre jedoch nicht an den im Gefängnis ermordeten Gustav Landauer zu denken,[85] sondern an Kurt Eisner, der tatsächlich an hellichtem Tag auf der Straße, wie bereits erwähnt, am 21. Februar 1919 einem Anschlag zum Opfer fiel (Abb. 89). Die beiden an Puppen erinnernden Gestalten aber sind wahrscheinlich ein erneuter Hinweis, daß Beckmann auch dieses Geschehen einbindet in die übergreifende Idee vom Welttheater oder Jahrmarkt. Denn in Requisiten des Jahrmarkts, etwa den naiven Skulpturen der seinerzeit populären großen Musikautomaten, sind Figuren ähnlicher Art anzutreffen.

Dix stellte nahezu gleichzeitig den „Lärm der Straße" dar mit den Mitteln dadaistischer Verknüpfung von Dingfragmenten und Zeichen, die unterschiedlichen Sinnzusammenhängen entstammen (Abb. 141). Der disparate, vernunftwidrige Eindruck von Beckmanns Straßenbild rührt her von der Verzahnung aller Bewegungsmotive in der Fläche, auch von der Unlesbarkeit mancher Gegenstände wie dem „Gerümpel" links neben dem Laternenmast,[86] in besonderem Maß aber von der unterschiedlichen Dimensionierung der Gestalten, die unserer Seherfahrung gänzlich widerspricht. So ist die Rückenfigur des Mannes mit Stelzfuß neben der Laterne nicht viel größer als die beiden Puppen, jedoch zwergenhaft im Vergleich zu dem ebenfalls weiter entfernt zu denkenden kolossalen Kopf unterhalb der Sonne. Dies ist die schon angesprochene Sonderform der Umkehr des Nahen und Fernen im Raum, die Beckmann bereits in der Radierung „Die Granate" von 1915 (Abb. 39) – ein Beispiel für einen der „Vorgriffe" in jener Zeit – und sodann mehrfach in den Blättern des „Hölle"-Zyklus angewandt hat.

So auch im dritten Bild der Folge, „Das Martyrium" (Abb. 108), in dessen vorderster Raumzone links eine Rückenfigur mit gespreizten Beinen erscheint, die von weit minderer Größe ist als die übrigen Gestalten der Szene. Der Vergleich mit der „Straße" (Abb. 105) macht

86 In seinem unteren Abschnitt ist der Laternenmast wohl mit Draht umwickelt; eine Erinnerung an Beckmanns Berliner Aufenthalt im März 1919? (vgl. Abb. 92). Auch eine der Fassaden links oben scheint teilweise zerstört zu sein.

104 Pablo Picasso, Mann mit Hund, 1914, Kat. 102

83 von Wiese (Beckmanns zeichnerisches Werk, a. a. O., s. Anm. 8, S. 60), der auf Beispiele für dieses Verfahren bereits in Zeichnungen des Jahres 1915 verweist.

84 Als solche wurde die Lithographie identifiziert von Christian Lenz (s. Beckmanns „Synagoge", in: Städeljahrbuch, N. F., IV, 1973, S. 299 ff.; die ausführliche Begründung gibt der Autor in: Beckmann – „Das Martyrium", a. a. O., s. Anm. 12) sowie von Stephan von Wiese, Beckmanns zeichnerisches Werk, a. a. O. (s. Anm. 8), s. Anm. 311.

85 Auf die Möglichkeit, daß es sich um Landauer handeln könne, verwies Lenz, s. Beckmann – „Das Martyrium", a. a. O. (s. Anm. 12), S. 198.

105 Die Hölle, 1919, Bl. 2, Die Straße, Kat. 69

106 Albrecht Dürer, Geißelung Christi, um 1497–1500, Kat. 97

107 Meister der Karlsruher Passion, Kreuzaufnagelung Christi, um 1440, Öl auf Nußbaumholz, 67 x 47 cm, Staatliche Kunsthalle Karlsruhe

deutlich, daß auch diese Figur nicht als Kind zu verstehen ist, wie vermutet wurde,[87] sondern als erwachsener Mann: Der Stift in seiner Linken weist ihn als Schreiber aus, er ist der Vertreter der „Journaille", der das grausame Geschehen hautnah, aber allein auf eine Sensationsmeldung bedacht, verfolgt. Hier haben die Größenunterschiede eine doppelte Wirkung; erneut machen sie Beckmanns ungebärdiges, von Paradoxien durchsetztes Raumbild bewußt, und sie lassen den Rang der Hauptgestalt, der gemarterten Frau, um so deutlicher hervortreten. Dem überdimensionalen Kopf des Straßenbildes kommt hingegen besondere Bedeutung nur insofern zu, als seine Größe die Blicklosigkeit unterstreicht, die er mit nahezu allen Personen der Szene teilt; allein das Paar, das eilig das Opfer fortträgt, nimmt von der Bluttat Notiz.

Während Beckmanns Arbeit an dem „Hölle"-Zyklus wurde die erst wenige Monate zurückliegende Ermordung Rosa Luxemburgs und Karl Liebknechts erneut eindringlich ins Bewußtsein gerufen. An den Tagen vom 8. bis zum 10. und vom 12. bis zum 14. Mai 1919 fand vor dem Feldkriegsgericht der Garde-Kavallerie-Schützen-Division, der die Täter selbst angehörten, der für die Mörder äußerst glimpflich verlaufende Prozeß statt. Am 1. Juni wurde der Leichnam Rosa Luxemburgs aus dem Landwehrkanal geborgen; am 13. Juni wurde sie zu Grabe getragen.[88] In seiner Darstellung des Geschehens hält sich Beckmann einerseits recht deutlich an die über den Ablauf ihrer Ermordung bekannten – in den Bemerkungen zur Zeitgeschichte kurz erwähnten – Tatsachen: Es ist Nacht, rechts im Hintergrund sieht man einen überdachten Hoteleingang (vgl. Abb. 87), in den Himmel ragen die drei Türme der Kaiser-Wilhelm-Gedächtniskirche, in deren Nähe das Eden-Hotel stand (gegenüber dem Gebäude des Aquariums; seinerzeit „unterer" Kurfürstendamm, heute Budapester Straße). Von rechts, aus der Richtung des Hotels, wird die wahrscheinlich bewußtlose Frau, an deren Körper zahlreiche Folterspuren sichtbar sind, unter Kolbenhieben und drohenden Gebärden der Soldaten nach links zu dem bereitstehenden Auto geschleppt. Dessen Dach ragt über die hier weit zurückgenommene innere Rahmenlinie hinaus, so daß der Eindruck von sich fortsetzender Bewegung geweckt wird.

Bei einem „Protokoll" der nächtlichen Mordszene bleibt Beckmann jedoch nicht stehen, sondern er deutet auf die Verantwortlichen des Geschehens hin und bindet es zugleich ein in zwei einander durchdringende geistige

87 Lenz, Beckmann – „Das Martyrium", a. a. O. (s. Anm. 12), S. 186.
88 s. E. Hannover-Drück u. H. Hannover, Der Mord an R. Luxemburg und K. Liebknecht, a. a. O. (s. Anm. 38), S. 59 ff. und S. 127.

108 Die Hölle, 1919, Bl. 3, Das Martyrium, Kat. 70

Rahmenvorstellungen. Dem ersten Ziel dient die Erweiterung des Kreises der Akteure. Breit lachend tritt von rechts ein Herr mit obszöner Geste an die Frau heran. „Dieser Mann bringt Beckmanns Meinung zum Ausdruck, daß die Ereignisse nicht nur einer wilden Soldateska anzulasten seien, sondern daß daran auch zivile Kreise, Vertreter der Bourgeoisie, unmittelbar beteiligt seien."[89] Und auch der Schreiberling ist eine neu in die Szene eingeführte Gestalt, die in solchem Kontext nicht allein als Beobachter erscheint, sondern als der Vertreter der Rechtspresse, deren Hetzparolen offenbar auch aus Beckmanns Sicht das Klima für die Mordtat bereitet hatten. 1922 – in der Folge „Berliner Reise", die mehrfach Bezüge aufweist zu der ebenso unter „dem

Eindruck eines Berliner Aufenthalts" geschaffenen „Hölle"[90] – versammelt er unter dem Titel „Die Enttäuschten I" Damen und Herren der „besseren Gesellschaft", die trotz der Erfolge von 1919 mit den Zeitläuften unzufrieden sind, um einen Tisch, auf dem als Ausweis rechter Gesinnung ein Exemplar der „(Kre)uz-Zeitung" liegt, des führenden Blatts der Deutschkonservativen (Abb. 110).

Ein Zeugnis für Beckmanns außerordentliche Betroffenheit über den Doppelmord vom 15. Januar 1919 ist sein erneutes Aufgreifen dieser Thematik in der zweiten Hälfte der zwanziger Jahre; in dem Gemälde „Die Ermordung" (Abb. 109) zeigt er Karl Liebknecht zusammengebrochen und mit zerschundenem Gesicht vor

89 Lenz, Beckmann – „Das Martyrium", a. a. O. (s. Anm. 12), S. 190.

90 s. die Einführung, Anm. 9.

dem Eden-Hotel, dessen Name rechts in Spiegelschrift erscheint.[91] Und den Mord an Rosa Luxemburg verbildlicht er auf jener Ebene, die hilft, „vieles leichter zu ertragen": Der Eingang zum Hotel, die Kirche und der nächtliche Himmel beschreiben, so scheint es zunächst, „real" den Ort und die Zeit des Geschehens, aber in Wahrheit hat man sie sich auf eine Kulisse gemalt vorzustellen. Denn Beckmann vergegenwärtigt „Das Martyrium" als Aufführung auf einer Jahrmarktbühne. In der Aufsicht sind deren Bretter links unten deutlich zu erkennen; vorn ist sie deftig dekoriert mit einer niedrigen, geschwungenen Schranke; neben dem rechten Hosenbein und oberhalb des Kopfs des Herrn in Zivil ist je ein Scheinwerfer postiert.

Die allein in diesem Blatt des „Hölle"-Zyklus in konkrete Gestalt übersetzte Idee vom „Theater" oder dem „Jahrmarkt" aber verbindet Beckmann mit einer zweiten übergreifenden Vorstellung, die sich in den zahlreichen Anspielungen auf die Passion Christi ausspricht, so daß man „Das Martyrium" als eine Szene aus einem Passionsspiel auffassen kann. Die ausgebreiteten Arme der gemarterten Frau und ihre sich im Schmerz verkrampfen-

den Fingerglieder rufen unmittelbar frühere Wiedergaben der Leidensgeschichte Christi in Erinnerung, Bilder von der Vorbereitung zu seiner Kreuzigung oder der Kreuzabnahme, auch Beckmanns eigene Gestaltung dieses Themas (Abb. 59). Der vorn am Boden hockende, grimassierende Soldat, der Journalist und der links neben ihm erscheinende Fahrer, der das Auto „eben mit der Kurbel anwirft", sind Gestalten, die sich häufig wiederfinden in der Kunst des 15. und 16. Jahrhunderts, in Darstellungen der Verspottung oder der Geißelung Christi. „Auch auf den älteren Bildern gibt es diejenigen, die unmittelbar dreinschlagen und andere, die geschäftig die notwendigen Nebenarbeiten verrichten." Den Herrn rechts „kennt man aus der älteren Kunst als den Vertreter der Obrigkeit, die meistens alles veranlaßt";[92] zugleich übernimmt er hier die Rolle des hohnlachenden Spötters, die in den früheren Darstellungen niederen Chargen zufällt. Dürers „Geißelung Christi" und die „Kreuzaufnagelung" des Meisters der Karlsruher Passion (Abb. 106, 107) sind Beispiele für die Quellen, aus denen Beckmann schöpfte. Mit der „Kreuzaufnagelung" aber hat „Martyrium" nicht nur die diagonale Position

91 s. Göpel, Beckmann, Kat. der Gemälde, a. a. O. (s. Anm. 11), Nr. 280. Zu dem Gemälde s. auch Lenz, Beckmann – „Das Martyrium", a. a. O. (s. Anm. 12), S. 194 f. Ebda. (Anm. 24) Hinweise

auf die Bedeutung, welche der Ort Hotel allgemein für Beckmann hatte, insbesondere aber das Eden-Hotel.
92 Lenz, Beckmann – „Das Martyrium", a. a. O. (s. Anm. 12), S. 186 f.

109 Die Ermordung, um 1927, Öl auf Leinwand, 45 x 80 cm, verschollen

der Hauptgestalt gemein – die mehrfachen, nach links in die Bewegungsrichtung des Autos abfallenden Diagonalen geben in diesem Fall der Grundstruktur die besondere Prägung –, sondern hier wie dort wird ihr Körper auch rücklings von einem der Mittäter mit den Händen gepackt und in die gewollte Lage oder Richtung gezogen.[93]

Nicht allein Beckmann vergegenwärtigte in jenen Jahren Zeitgeschehen in Verknüpfung mit christlichen Anschauungen und mit dem Rückgriff auf Motive, die in früherer Zeit zur Darstellung christlicher Thematik entwickelt wurden. Schmidt-Rottluffs „Christus" (Abb. 137) trägt die Jahreszahl 1918 wie ein Wundmal auf der Stirn, und die am unteren Rand in den Holzstock geschnittene Frage „ist euch nicht Kristus erschienen" ist sowohl Ausdruck der fassungslosen Beklemmung über das nicht endende Weltkriegs-Morden wie auch ein verzweifelter Appell zur Brüderlichkeit. Deren Symbolfigur hat hier „moderne", an afrikanische Skulpturen erinnernde Züge, während das innig-biedere „Gedenkblatt für Karl Liebknecht" von Käthe Kollwitz (Abb. 138) eng anschließt an das traditionelle Schema von Darstellungen der Beweinung Christi. Einer Gestalt aus der 1920 geschaffenen Holzschnittfolge von Otto Dix entwachsen vier Köpfe, welche „Die Prominenten" repräsentieren: Christus, ein feister Bürger, ein wilhelminisch Behelmter (wohl Wilhelm Zwo persönlich) und ein Künstler. Vor ihnen auf dem Tisch liegt ein Papier mit den ihnen zuzuordnenden Schlagworten: Liebe, Ordnung, Vaterland und Dada (Abb. 140). Eine wahrhaft absonderliche, zu monströser Gestalt verdichtete „Konstellation" – so der Nebentitel des Blatts –, an der Dada resümierend teilhat und die selbst in der hier wohl sich äußernden Skepsis gegenüber der Realisierbarkeit der christlichen Losung erneut offenkundig macht, welches Gewicht gegen Ende des Weltkriegs und in der frühen Nachkriegszeit der Aufruf zur Umkehr im Geist des Christentums besaß.

„Auch die Verbindung von christlichen und sozialistischen und kommunistischen Gedanken war zu dieser

110 Die Enttäuschten I, 1922, Kat. 89

Zeit nicht ungewöhnlich",[94] aber die von Liebknecht und Luxemburg verkörperten politischen Ideen waren sicherlich ohne Belang für die von Kollwitz und Beckmann gewählte, mit christlichen Motiven operierende Gestaltungsweise. Weder Kollwitz[95] noch Beckmann hingen diesen Gedanken an, und im „Hölle"-Zyklus tritt christliche Motivik keineswegs nur dort auf, wo die Themenstellung – wie in „Martyrium" – zugleich eine bestimmte politische Überzeugung in die Erinnerung ruft.

93 Selz, Beckmann, a. a. O. (s. Anm. 1), s. S. 33 f. und Anm. 37, bezieht die „Kreuzaufnagelung", die er Hans Hirtz zuschreibt, auf Beckmanns Gemälde „Der Traum" von 1921 (Sammlung Morton D. May, St. Louis; s. Göpel, Beckmann, Kat. der Gemälde, a. a. O., s. Anm. 11, Nr. 208). Er verweist auch darauf, daß die „Kreuzaufnagelung" erst 1920 für die Karlsruher Kunsthalle erworben wurde. Dies schließt jedoch nicht aus, daß Beckmann – falls das Gemälde denn mehr als ein Beispiel für seine Quellen gewesen sein sollte – bereits früher Kenntnis von der Komposition hatte, da sich eine alte Kopie der „Kreuzaufnagelung" bereits seit etwa Mitte des 19. Jahrhunderts im Hessischen Landesmuseum in Darmstadt befindet (s. Staatl. Kunsthalle Karlsruhe, Kat. Alte

Meister, bearb. von Jan Lauts, Karlsruhe 1966, Nr. 1375, S. 189, sowie: Großherzoglich Hessisches Landesmuseum in Darmstadt, Verzeichnis der Gemälde, bearb. von F. Back, Darmstadt 1914, Nr. 53, S. 43).

94 Lenz, Beckmann – „Das Martyrium", a. a. O. (s. Anm. 12), S. 191.

95 In einem Tagebucheintrag vom Oktober 1920 bemerkt Kollwitz zu dem „Gedenkblatt": „Ich hab als Künstler das Recht, aus allem den Gefühlsgehalt herauszuziehen, auf mich wirken zu lassen und nach außen zu stellen. So hab ich auch das Recht, den Abschied der Arbeiterschaft von Liebknecht darzustellen, ja, den Arbeitern zu dedizieren, ohne dabei politisch Liebknecht zu folgen." (zitiert nach: Käthe Kollwitz, Aus meinem Leben, München 1967, S. 103).

111 Umbro-toskanisch (?), Johannes der Täufer,
Ende 15. Jh., Nußbaumholz, Höhe: 167,5 cm,
Frankfurt a. M., Liebieghaus

Im Vierten Blatt der Folge, „Der Hunger" (Abb. 113),
sind vier Personen – wahrscheinlich Beckmann, ihm
gegenüber seine Schwiegermutter Tube-Römpler,
rechts sein Sohn Peter (vgl. Abb. 134) und eine Bekannte
der Familie[96] – um einen weithin leeren Tisch zu einem
äußerst kargen Abendbrot versammelt. Bereits während
des Krieges hatte sich die Ernährungslage der Zivil-
bevölkerung zunehmend verschlechtert. Im Frühjahr
1917 bot Berlin „einen dunklen Aspekt. In Berlin hatte

man soeben einen Winter überstanden, wo man im
Begriff war, Brot aus Stroh zu backen. Im Mittelpunkt
des deutschen Interesses stand die Kohlrübe, die man als
Torte, Hasenbraten und Malzbier vorgesetzt bekam."[97]
Eine Steigerung der Not schien kaum möglich, aber nach
dem Ende des verlorenen Krieges verschlimmerte sich
die Situation noch; die Versorgung mit Lebensmitteln
wurde alltäglich zum existentiellen Problem, der Hunger
grassierte (Abb. 83, 85). Insofern ist Beckmanns
„Höllen"-Szene ein „realistisches" Zeitbild.

Damit aber ist allein die erste Sinnschicht der Darstellung beschrieben. Den Schlüssel für ihr tieferes Verständnis bietet die fünfte, bislang nicht erwähnte Gestalt
im Hintergrund des Innenraums, die zwar nur mit
wenigen Strichen umrissen, aber aufgrund ihrer fron-
talen Haltung, des in Richtung des Betrachters gewand-
ten Kopfes und der ausgebreiteten Arme nicht ohne
suggestive Wirkung ist. Dabei handelt es sich offenbar
um eine auf einem Sockel stehende Skulptur, und zwar
um eine Gestalt Johannes des Täufers, denn zu ihren
Füßen befindet sich sein Attribut, das Christus symboli-
sierende Lamm mit dem Kreuzesstab. Die Skulptur, die
Beckmann als Modell benutzte, ist nicht bekannt; einer
annähernden Vorstellung, wie man sie sich zu denken
hat, und der leichteren Lesbarkeit der Figur in „Hunger"
dienen die Abbildungen 111, 112.[98]

96 Zur Identifizierung der Personen s. Friedhelm W. Fischer, The-
menwahl und Bildwelt in Beckmanns Druckgraphik, in: Max
Beckmann, Das druckgraphische Werk, Kunsthaus Zürich, 1976,
S. 15 ff. (S. 20 f.).

97 Richard Huelsenbeck, Dada siegt! Eine Bilanz des Dadaismus,
Berlin 1920, S. 28.

98 Es ist gut denkbar, daß Beckmann die ihm als Vorwurf dienende
Skulptur im Antiquitätengeschäft seines Frankfurter Bekannten
Walter Carl gesehen hat. Dieser berichtete 1951: Wenn Beckmann
„kam, dann haben wir zuerst einmal eine halbe Stunde lang
gespielt, jawohl, gespielt mit meinen mittelalterlichen Holzplasti-
ken nämlich. Es war wohl die Inbrunst ihres Ausdrucks, die ihn
faszinierte." Zitiert nach von Wiese, Beckmanns zeichnerisches
Werk, a. a. O. (s. Anm. 8), Anm. 312. Siehe ebda. (Kat. Nr. 427,
Abb. 93) die ebenfalls 1919 entstandene Zeichnung „Das Atelier
Beckmanns mit dem Kopf des schlafenden Künstlers", auf der
u. a. eine mittelalterliche Madonnenskulptur wiedergegeben ist.

112 Grünewald, Lamm neben der Gestalt Johannes des Täufers, Ausschnitt aus der Kreuzigung Christi, Isenheimer Altar, um 1513–
1515, Colmar, Museum Unterlinden

113 Die Hölle, 1919, Bl. 4, Der Hunger, Kat. 71

Als simple „Raumdekoration" ist die Skulptur sicherlich nicht zu verstehen. Die unter dem Hunger leidenden Menschen haben die Hände zum Gebet gefaltet, und bereits diese Gebärde gibt der Szene einen über die Not des Tages hinausweisenden Charakter, dem die Gestalt des Täufers eine weitere – und konkretere – Dimension hinzufügt. Im Evangelium des Lukas (3, 10–11) wird über sein Auftreten berichtet: „Und das Volk fragte ihn und sprach: Was sollen wir denn tun? Er antwortete und sprach zu ihnen: Wer zwei Röcke hat, der gebe dem, der keinen hat, und wer Speise hat, tue auch also." In solchem Kontext betrachtet, ist das Bild von der Not der Menschen nicht allein die Wiedergabe einer bedrückenden Wirklichkeit; Beckmann registriert nicht nur, sondern er klagt auch an. Das Wirken des Johannes läßt zugleich eine zweite Deutung zu. Er forderte die Menschen auf, sich ihrer Sündhaftigkeit bewußt und anderen Sinnes zu werden; die Essenz seiner Botschaft lautete: „Tut Buße!" (Matthäus 3,2). Das Elend der Nachkriegszeit kann auch als Strafgericht verstanden werden, als erzwungene Einkehr nach einer Epoche der Gedankenlosigkeit und des Materialismus. Bereits 1909 sprach Beckmann von der „ziemlich demoralisierte(n) Kultur"

des wilhelminischen Deutschland, und in seiner „Schöpferischen Konfession" (S. 52) des Jahres 1918 hielt er fest: „Das war das Ungesunde und Ekelhafte in der Zeit vor dem Krieg, daß die geschäftliche Hetze und die Sucht nach Erfolg und Einfluß jeden von uns in irgendeiner Form angekränkelt hatte."[99]

In welch sprechender Weise Beckmann jedem Bild des „Hölle"-Zyklus analog zur Thematik eigene Züge verleiht, die das grundsätzliche Verhältnis von Raum und Fläche variieren, macht der Vergleich zwischen „Hunger" und der sich anschließenden Szene, „Die Ideologen" (Abb. 115), besonders augenfällig. Dort wenige Gestalten und Gegenstände, die in der Fläche gemeinhin weit entfernt voneinander postiert sind, so daß sich mit der Kargheit des Erscheinungsbilds bereits die Assoziation an Armut und Entbehrung einstellt; hier berstende Enge, eine Vielzahl von Personen und eine Fülle sonstiger Motive, die erst nach und nach auszumachen sind oder sich der Identifizierung überhaupt verschließen.

99 Das erste Zitat stammt aus: Leben in Berlin, a. a. O. (s. Anm. 5), S. 22 (9. 1. 1909). Siehe hierzu auch den Rückblick auf Beckmanns graphisches Schaffen vor 1914 und im Krieg.

114 Paul Levi bei einer Rede, 1918, Bleistift, 14,8 x 26 cm, New York, Privatbesitz

115 Die Hölle, 1919, Bl. 5, Die Ideologen, Kat. 72

Erneut auch sind „nah" und „fern" im Raum fragwürdige Ortsbestimmungen; manche der in der vorderen Zone auftretenden Gestalten haben minderes Format als jene, die nur in größerer Entfernung angesiedelt sein können. Wirrnis kennzeichnet die nächtliche Versammlung, in welcher die „Ideologen" ihre Stunde haben.

Die Monate nach dem Weltkrieg waren in Deutschland wie wohl nie zuvor – auch – eine Zeit der großen Rednerauftritte in Massenveranstaltungen (vgl. Abb. 73–75) und der heftigen Dispute in Versammlungslokalen über die aktuellen Nöte der Menschen und die künftige Gesellschaftsordnung. Beckmanns bereits bei den Hinweisen zur Zeitgeschichte erwähntes Doppelblatt mit den beiden Porträtskizzen des kommunistischen Politikers Paul Levi entstand wohl an solchem Ort (Abb. 114). Der Raum, in dem „Die Ideologen" sich eingefunden haben, ist allein näher beschrieben durch ein recht banales Motiv: Zweifach abgewinkelt durchzieht rechts, teils die Rahmenlinie überschreitend, ein Ofenrohr die ganze Höhe der Darstellung. Das Rednerpult mit dem obligaten Wasserglas darauf könnte man sich im Hinterzimmer einer Kneipe aufgestellt denken.

In der oberen Bildzone aber wird der Innenraumcharakter „aufgebrochen". Als Lampen sind die dort erscheinenden Rundkörper nurmehr mit Einschränkungen zu verstehen, denn gleichfalls erinnern sie an von „Nebeln" umzogene Gestirne. Da sie präzise nicht definiert sind und im „Patriotischen Lied" (Abb. 129) ähnliche Gebilde auftreten, ist jedoch wenig wahrscheinlich, daß Beckmann mit ihnen eine spezifische Bedeutung verband. Vielleicht läßt er die Assoziation an Himmelskörper zu, um im Kontrast zu deren immerdar gesetzmäßiger Bewegung die Unbeständigkeit des Treibens und der Emotionen der Menschen umso deutlicher hervorzukehren.

Der Redner des Abends spricht voller Inbrunst – Schweißperlen rinnen an seiner Schläfe herab – auf die Anwesenden ein, aber seine Worte werden offenbar allein wahrgenommen von dem Herrn links, der einen Einwurf zu machen versucht. Die übrigen Teilnehmer der Versammlung – unter ihnen wohl Beckmann selbst unmittelbar vor dem Rednerpult – zeigen keinerlei Reaktion. Auf die verzückte Dame mit dem Kreuz auf der Brust wurde schon hingewiesen;[100] sie glaubt ohnehin. Die Frau neben dem Redner versteht nicht recht; den Herrn hinter dessen Rücken zeichnet zwar die scharf markierte Brille aus, aber er ist augenlos. In diesem Paar wird das geflügelte Wort „Augen haben und nicht sehen,

Ohren haben und nicht hören" lebendig, das seinen Ursprung hat in den Prophetischen Büchern des Alten Testaments (Jesaja 6, 9–10). Im Evangelium des Matthäus (13, 13–14) wird dann dieselbe Formel benutzt mit Bezug auf die Menschen, welche die Botschaft Christi nicht verstehen.

Zu dem mit der Hand den Kopf abstützenden Mann links unten wurde Beckmann offenbar angeregt von spätmittelalterlichen Darstellungen der Auferstehung Christi; in Curt Clasers Buch „Zwei Jahrhunderte deutscher Malerei" begegnet man dieser Gestalt mehrfach an demselben Bildort als einem der Wächter am Grabe.[101] Und demselben Zusammenhang entstammt wahrscheinlich der rechts neben dem Rednerpult sitzende, schläfrig wirkende Versammlungsteilnehmer. Seine Kleidung erinnert an eine Uniform, seine Kopfbedeckung an einen Helm; er dürfte herzuleiten sein von einem der Soldaten, die Christi Grab bewachen sollen und im Schlaf von seiner Auferstehung überrascht werden.

Einer bestimmten Ideologie läßt sich der Redner nicht zuordnen. Die Dame mit dem Kreuz am Halsband und die der christlichen Kunst und der Wortwahl der Bibel entlehnten Motive machen ihn auch nicht zu einem christlichen Prediger oder gar zu Christus selbst, aber sie legen seinen Anspruch offen: Er versteht sich als neuer Messias, der allein den Weg kennt, der aus der Misere des Tages hinführt zum Heil.

Im sechsten Blatt des Zyklus hat Beckmann mit nur geringfügigen Abweichungen das Gemälde „Die Nacht" wiederholt, das er – wie unten links oberhalb der Signatur vermerkt – im August 1918 begann und im März 1919 vollendete (Abb. 117, 120). Um sich dem Gehalt dieser Darstellung zu nähern, bedarf es erneut des Denkens in verschiedenen Sinnschichten. Deren erste läßt sich wie folgt umreißen: Zu nächtlicher Stunde sind drei Verbrecher in eine Dachkammer eingedrungen, deren Bewohner sie mit unerbittlicher Gewalttätigkeit begegnen. Der Mann wird von einem der Gangster am Dachbalken erhängt; ein zweiter, mit bandagiertem Kopf, hält seinen Arm fest im Griff. Die Frau ist an einen Fensterflügel gefesselt; der dritte Eindringling – rechts mit einer Schirmmütze als Kopfbedeckung – hat ein junges Mädchen wie einen Packen unter den Arm gefaßt; was mit dem Kind geschehen soll, scheint ungewiß. Vielleicht wurde die Familie beim Essen überrascht. Links unten wird unter dem Fuß des Mordopfers ein zerbrochener Teller sichtbar; ein zweiter Teller steht rechts

---

100 Zu ihr und zu dem bebrillten Herrn rechts s. Anm. 41.

101 Am auffälligsten ist die Verwandtschaft mit der entsprechenden Gestalt in der „Auferstehung Christi" des Hausbuchmeisters, die sich seinerzeit in der Sammlung Hohenzollern-Sigmaringen be-

fand und 1928 vom Städelschen Kunstinstitut in Frankfurt a. M. erworben wurde; s. Curt Glaser, Zwei Jahrhunderte deutscher Malerei, München 1916, Abb. 107. Zu anderen Beispielen s. ebda. Abb. 27, 96, 97.

auf dem grob gezimmerten, hier noch von einem Stück Tuch bedeckten Tisch; auf dem Boden vor dem Grammophontrichter liegt ein Messer (in der Lithographie kehrt dieses Motiv nicht wieder). Abgesehen von dem Kind sind die Opfer des Überfalls weitgehend entkleidet; die Frau könnte geschändet worden sein. Eine zweite Frauengestalt erscheint zwischen dem Erhängten und dem auf dem Tisch hockenden Henkersknecht. Sie ist bürgerlich gekleidet, bleibt unbehelligt und scheint auch unbeteiligt. Sie schaut zur Seite, vielleicht auf den Strangulierer, vielleicht auch an diesem vorbei. Wie bei dem „Nachhauseweg" (Abb. 101) gehört zur Staffage der Szene wiederum ein großer Hund; er sitzt links neben dem Erhängten am Boden, und sein Aufheulen erscheint wie ein Echo auf dessen erstickten Schmerzensschrei.

Daß diese Schreckensszene mehr ist als die Rekonstruktion eines Verbrechens, aber macht bereits ein höchst sonderbares Detail deutlich. Die Eindringlinge gehen barfuß, sind also wohl keine Meuchelmörder, die naturalistisch aufzufassen wären. Hinzukommen groß wiedergegebene und an bedeutsamen Bildorten postierte Gegenstände wie der Grammophontrichter und die beiden Kerzen, die offenbar etwas anderes sind als beliebige Versatzstücke einer Raumausstattung. Sie besitzen Zeichencharakter, wie auch der Hund, ein reißendes Tier, dessen absonderliches Verhalten – er ist unfähig zur Gegenwehr wie die überwältigten Menschen – sonst kaum glaubhaft erschiene. Da die Darstellung keine „Momentaufnahme" ist, spielt auch die Nebenfigur im Hintergrund nicht notwendig einen bestimmten Part in dem Geschehen, etwa, wie vermutet wurde, die „Verräterrolle".[102] Auch sie hat wohl eher Zeichencharakter. Bei-Sich-Sein und Sich-Abwenden sind durchgängige Motive bei Beckmann, die auch dann, wenn sie in Verbindung mit einer Bluttat auftreten, wie anderwärts etwa in der „Straße" (Abb. 105), nicht zwangsläufig personenbezogen zu verstehen sind, sondern als Vergegenwärtigung einer überpersonalen, grausamen Distanz zwischen den Menschen.

Noch weiter fort von der Wiedergabe eines realen, in der Einheit von Zeit, Ort und Handlung sich vollziehenden Geschehens führt die zweite Sinnschicht der „Nacht". Eines ihrer besonders signifikanten Motive ist die Beinhaltung der gefesselten Frau, von der eine unverblümte erotische Signalwirkung ausgeht. Darüberhinaus ist als ein Zeichen für den weiblichen Schoß wahrscheinlich der Schalltrichter des Grammophons zu verstehen, der in der Lithographie „Möbliert" aus dem Jahr 1920 (Abb. 119) in noch direkterer Weise dem Körper einer Frau zugeordnet wird.[103] Wenn Beckmann diese Motive einbringt in eine vornehmlich von Tod und Gewalt geprägte Szene, so weist er offenbar der Geschlechtlichkeit erneut den Charakter einer den Menschen schicksalhaft in das Unheil führenden Macht zu. Unter den früheren, bereits betrachteten Werken, die denselben Zusammenhang aufzeigen, ist das prägnanteste Beispiel die Radierung „Die Nacht" (Abb. 30), mit welcher das Gemälde und die Lithographie der „Hölle" sicher nicht zufällig den Titel teilen.

Einen entscheidenden Hinweis auf deren dritte, gewichtigste Sinnschicht geben die beiden groß im Vordergrund des Bildes plazierten Kerzen. Die linke ist umgestürzt und erloschen, sie ist – wie die Kerzen in „Der Vorhang hebt sich" (Abb. 96) – ein „Dingsymbol" des Todes, verweist auf den Erhängten. Die andere wurde als Zeichen für einen vielleicht nahen Tod der Frau interpretiert; sie scheine „zu schwanken", sei „gefährdet".[104] Ihre Schrägstellung aber deutet nicht den baldigen Sturz an, sondern erklärt sich – abgesehen von einem zweiten, noch zu nennenden Grund – hinreichend schon aus Beckmanns zuvor beschriebener Wahl unterschiedlicher, Raum immer wieder neu evozierender Blickwinkel. Und: Dem Verlöschen ist diese Kerze nicht nahe; ihr Licht strahlt auf. Zeigt ihr gestürztes Pendant den Tod an, so ist sie ein Zeichen des Lebens.[105] Diese Motive sprechen bereits aus sich selbst, aber es ist nicht zu übersehen, daß sie ihren Platz in unmittelbarer Nähe zu dem Rückenakt mit gespreizten Beinen haben. In den Kerzen vergegenwärtigt Beckmann seine Vorstellung

102 Fischer, Beckmann – Symbol und Weltbild, a. a. O. (s. Anm. 2), S. 24.

103 In Edschmids Erzählung „Die Fürstin", die 1918 zusammen mit sechs Kaltnadelradierungen Beckmanns erschien (s. Abb. 42–45), findet sich auf S. 39 ein Vergleich, der an das Schalltrichter-Zeichen erinnert: „Deine Zunge ist voll Unzucht wie eine gierige Posaune." In Beckmanns Illustrationen taucht jedoch weder dieses noch das Motiv aus der „Nacht" auf.

104 Fischer, Beckmann – Symbol und Weltbild, a. a. O. (s. Anm. 2), S. 16.

105 Das Aufleuchten der Flamme ist in der Lithographie stärker kenntlich gemacht als in dem Gemälde. Insofern bestätigt sich hier Curt Glasers Beobachtung: „Schwarz-Weiß-Wiederholungen ziehen gleichsam die Summe der Erfahrungen, die in der schichtweisen Arbeit der Gemälde niedergelegt wurde. Graphik ist nicht Skizze, sondern ist letzter Extrakt des Wesentlichen, endgültige Formung eines Motivs, das auf seinen rhythmischen und ausdrucksmäßigen Gehalt zurückgeführt wurde. Solche Blätter sind das Gegenteil flüchtiger Improvisationen." Zitiert aus: C. G., Julius Meier-Graefe, Wilhelm Fraenger und Wilhelm Hausenstein, Max Beckmann, München o. J. (1924), S. 20.

von der Doppelnatur der Geschlechtlichkeit; sie ist ein zerstörerisches Element, das zugleich neues Leben schafft.

Vielfach ist in Beschreibungen der „Nacht" daran erinnert worden, daß ein weiblicher Akt ganz ähnlichen Charakters bereits erscheint in dem Gemälde „Große Sterbeszene" von 1906.[106] Dies war das Jahr, in dem Beckmann Schopenhauers „Parerga und Paralipomena" kennenlernte,[107] und von dort stammt offenbar das geistige Konzept für seine Verbildlichung des Todes im Verein mit jenem Motiv: „Der Tod giebt sich unverholen kund als das Ende des Individuums, aber in diesem Individuum liegt der Keim zu einem neuen Wesen. Demnach nun also stirbt nichts von Allem, was da stirbt, für immer; aber auch keines das geboren wird, empfängt ein von Grund aus neues Daseyn."[108] Ist dem Individuum auch der Tod bestimmt, so lebt doch die Gattung fort, lautet – auf eine kurze Formel gebracht – die Schopenhauer entlehnte Botschaft der „Großen Sterbeszene". Die Unterschiede zur „Nacht" sind offenbar: In dem frühen Werk wird Sterben veranschaulicht, nicht ein Mord; und die Anspielung auf die Sexualität gilt allein ihrem schöpferischen Aspekt. Jedoch ist die Idee, daß in dem Individuum, welches stirbt, der „Keim zu einem neuen Wesen" liegt, lebendig auch bei der „Nacht"; freilich mit einer erregenden Variante: Nicht vom Tod eines beliebigen Individuums berichtet Beckmann jetzt, sondern sich selbst stellt er dar in dem Erhängten.

Dieser Schluß drängt sich auf, wenn man die Gestalt vergleicht mit dem „Selbstbildnis als Clown" von 1921 (Abb. 118). Verwandt sind nicht allein einzelne Züge des äußeren Erscheinungsbilds wie die – bei dem strangulierten Mann nach unten gerutschte – Stirnlocke, sondern insbesondere der ausgestreckte Arm mit der demonstrativen Gebärde der Hand.[109] Offensichtlich ist sie zurückzuführen auf Darstellungen der Beweinung Christi (Abb. 116), und durch ein zweites Motiv wird der Gedanke an die Passion bei der Hauptgestalt der „Nacht" noch intensiviert: Die Haltung der Füße erinnert unmittelbar an den seine Wundmale zeigenden Christus in Beckmanns „Kreuzabnahme". (Abb. 59)

106 s.. z.B. Fischer, Beckmann – Symbol und Weltbild, a.a.O. (s. Anm. 2), S. 20 – Das Gemälde befindet sich in München, Staatsgalerie moderner Kunst; s. Göpel. Beckmann, Kat. der Gemälde, a.a.O. (s. Anm. 11), Nr. 61.

107 s. Göpel, Beckmann, Kat. der Gemälde, a.a.O. (s. Anm. 11), S. 15.

108 Parerga und Paralipomena, in: Arthur Schopenhauers sämmtliche Werke, 6 Bde., hg. von Eduard Grisebach, Leipzig o. J. (1890–95), Bd. 5, S. 285.

109 Die Identifizierung des Erhängten verdanke ich einem Gespräch mit Matthias Eberle, Berlin, der eine eigene Publikation zur „Nacht" vorbereitet.

Den Schlüssel zum Verständnis des Geschehens der „Nacht" hat Beckmann selbst dem Betrachter in die Hand gegeben: „Auch bei meiner ‚Nacht' soll man das Gegenständliche über dem Metaphysischen vergessen."[110] An christliche Vorstellungen sich anlehnend beschreibt er die durch den Krieg bewirkte Wandlung seiner Existenz als einen metaphysischen Prozeß. Er orientiert sich an der Idee der Wiedergeburt, wie sie Paulus im 6. Kapitel seines Briefes an die Römer festgehalten hat: Alle, die „in Christus getauft sind", die sind auch „in seinen Tod getauft", aber wie „Christus ist auferweckt (...) also sollen auch wir in einem neuen Leben wandeln. Denn wenn wir in ihn eingepflanzt sind zu gleichem Tode, so werden wir ihm auch in der Auferstehung gleich sein, weil wir ja wissen, daß unser alter Mensch samt ihm gekreuzigt ist, damit der Leib der Sünde aufhöre" (6,3–6). Beckmann versteht die Wiedergeburt freilich nicht als einen bereits durch die Taufe vollzogenen Akt, sondern vergegenwärtigt sie als einen leidvollen, ihm aufgezwungenen Vorgang.

110 s. Piper, Nachmittag, a.a.O. (s. Anm. 22), S. 26.

116 Albrecht Dürer, Beweinung Christi, um 1496, Kat. 98

117 Die Hölle, 1919, Bl. 6, Die Nacht, Kat. 73

Der Erhängte, der „Gekreuzigte" der „Nacht" ist Beckmanns „alter Mensch", offenbar jener Beckmann der ersten Berliner Lebensphase, die erst endgültig 1915 mit seinem geistigen und körperlichen Zusammenbruch endete nach den Schreckensmonaten im Sanitätsdienst an der Front. Denn am „Gegenständlichen" läßt sich doch ablesen, wer seine Mörder sind. Ihre Köpfe – auch jener des Henkers, wie bei näherer Betrachtung deutlich wird – sind mit Binden umwickelt: Die Mörder sind Verwundete, Symbolgestalten für Beckmanns Erfahrung des Krieges, die für ihn gleichbedeutend war mit der Zerstörung des allein im Irdischen die Erfüllung suchenden Weltbilds, dem auch sein „alter Mensch" mit einem Teil seines Wesens angehangen hatte. In diesem Kontext gewinnen die Anspielungen auf die sexuelle Natur des Menschen einen zusätzlichen Sinn; Hingabe an die Geschlechtlichkeit gibt jener Lebensauffassung den intensivsten Ausdruck. Die Ermordung des Mannes meint Vernichtung „des Leibs der Sünde"; die noch aufheulende, aber erstarrte Bestie verkörpert wahrscheinlich die nun überwundene, animalische Natur des Menschen, und auch die Fesselung der Frau kann in dieser Sinnschicht als Zeichen der Bannung gelesen werden.

Ist das erloschene Lebenslicht dem Strangulierten zuzuordnen, so verweist – ablesbar an ihrer Neigung nach rechts – die aufleuchtende, Leben anzeigende Kerze offensichtlich auf das Kind. Sein Gesichtsausdruck ist besorgt und schmerzvoll, aber nicht verzweifelt. Der Tod ist ihm nicht bestimmt, sondern es wird verschleppt und hebt zum Abschied grüßend die Hand. Seine Physiognomie erinnert an Beckmanns Sohn Peter (vgl. Abb. 134), aber in Wahrheit ist es wohl zu verstehen als eine verschlüsselte Personifikation des Erhängten, der „wiedergeboren" in Gestalt eines Kindes ein neues – gefährdetes – Leben beginnt. Allein mit Blick auf das

118 Selbstbildnis als Clown, 1921, Öl auf Leinwand, 100 x 59 cm, Wuppertal, Von der
Heydt-Museum

119 Möbliert (Stadtnacht), 1920, Kat. 84

120 Die Nacht, 1918–1919, Öl auf Leinwand, 133 x 154 cm, Düsseldorf, Kunstsammlung Nordrhein-Westfalen

121 Die Nacht, 1922, Kat. 90

122 Ausschnitt aus dem Wandgemälde Der Triumph des Todes, gegen Mitte des 14. Jhs., Pisa, Campo Santo

123 Die Hölle, 1919, Bl. 6, Die Nacht (Probedruck auf rötlichem Papier), Kat. 80

124 Israhel van Meckenem, Der Tanz um den
Preis, Kat. 96

der Vorhangstange entlang. Als blindes Schicksal im
proletarischen Zeitkostüm ist diese Gestalt aufzufassen,
die das Kind fortträgt in eine ungewisse Zukunft.[112] Im
Vergleich zu dieser bedrohlichen Situation vermittelt die
„Nacht" von 1922 zwar noch den Eindruck von Schutz-
bedürfnis, aber doch auch von Ruhe und einer gewissen
Sicherheit. Ein ähnlicher Wandel ließ sich auch an Beckmanns Selbstporträts der Jahre 1918–1922 beobachten
(s. Rückblick und vgl. Abb. 1, 66, 135, 136).

111 s. Christian Lenz, Max Beckmann und Italien, Frankfurt a. M.
1976, S. 18 f. Ebda. der Hinweis, daß Günther Franke „1923 bezie-
hungsweise kurz danach in Beckmanns Frankfurter Atelier ein
Photo nach dem Triumph des Todes (…) in Pisa ‚als Einziges an
den sonst leeren Wänden'" sah. Das Zitat stammt aus: Max Beckmann, Sammlung Günther Franke, Köln o. J.

112 Der Verfasser hat an anderer Stelle (s. Bilder vom Menschen in
der Kunst des Abendlandes, Berlin, 1980, S. 296) geäußert, daß
die Physiognomie des Entführers „die Erinnerung an den erfolg-
reichsten Revolutionär der Epoche, an Lenin," nahelege; zumindest lasse „Beckmann diese Assoziation zu". – Sollte Beckmann
bewußt auf Lenin angespielt haben bzw. der Ballonmütze überhaupt eine weitergehende Bedeutung zukommen, so hieße dies
im hier beschriebenen Kontext, er habe die Zukunft vornehmlich vom – freilich blinden – Proletariat geprägt gesehen.

Gemälde und die „Hölle" – Lithographie ist diese Identifizierung nicht möglich, doch hat Beckmann selbst auf
sie verwiesen in einem wenig später entstandenen Werk.
„Die Nacht" ist das dritte Blatt der Folge „Berliner Reise"
aus dem Jahr 1922 betitelt (Abb. 121), und dort stellt er
sich – in einer Dachkammer ganz desselben Charakters
wie bei der vorangehenden „Nacht" – als einen Säugling
in den Armen einer schlafenden Frau dar.
Es ist denkbar, daß sich Beckmann zu dieser Weise der
Vergegenwärtigung seiner selbst ebenfalls anregen ließ
durch eine Passage des Paulusbriefes: „Denn wenn ihr
nach dem Fleisch lebet, so werdet ihr sterben müssen;
wenn ihr aber durch den Geist des Fleisches Geschäfte
tötet, so werdet ihr leben. Denn welche der Geist Gottes
treibt, die sind Gottes Kinder." (8, 13–14) Vielleicht gab
diese Vorstellung Beckmann den Anstoß, sich – entsprechend seiner psychischen Konstitution in der auf den
Zusammenbruch folgenden, bis in die zwanziger Jahre
währenden Krise – die Gestalt des schwachen, schutz-
bedürftigen Kindes zu geben.
Bei der Gestalt des Kindesentführers der „Nacht" von
1918–1919 stand Pate eine der Bettlerfiguren aus dem
Pisaner „Triumph des Todes", einem mittelalterlichen
Wandgemälde, das Beckmann durch ein Photo gegenwärtig war (Abb. 122).[111] Dieser Bettler ist blind, er trägt
eine Binde vor den Augen, und auch der Entführer der
„Nacht" ist sich offenbar seines Weges nicht bewußt. Die
tief in das Gesicht geschobene Ballonmütze raubt ihm
den Blick; mit der erhobenen Rechten tastet er sich an

125 Nackttanz, 1922, Kat. 91

126 Die Hölle, 1919, Bl. 7, Malepartus, Kat. 74

127 Kneipenszene, 1919, Bleistift, 16,4 x 13 cm,
New York, Privatbesitz

Der Vielschichtigkeit der „Nacht" kommt keines der im „Hölle"-Zyklus auf sie folgenden Bilder nahe. „Malepartus" (Abb. 126) hieß eine Nachtbar in Frankfurt;[113] in der deutschen Tierfabel trägt die Raubburg des Reineke Fuchs diesen Namen – angelehnt an die Bedeutung des Begriffs, der aus dem Lateinischen übersetzt soviel wie „übel erworben" meint. Beckmann wird sich des Doppelsinns des Namens bewußt gewesen sein, aber auch ohne Wissen um den Hintergrund gibt sich „Malepartus" als ein Gegenbild zum vierten „Hölle"-Blatt, „Der Hunger" (Abb. 113), zu erkennen. Der Raum ist gleich dem Blick in einen Trichter in extremer Aufsicht erfaßt, wie angezeigt wird von Tisch, Stuhl und Blumengestell vorn und den beiden mit gleißendem Tand dekorierten, nach oben auseinanderfluchtenden Säulen vor der Empore mit der Tanzkapelle. Dieser Blickwinkel unterstreicht noch die mit der Dichte des Flächenbilds korrespondierende Enge des Raumes, in dem die Paare sich mit stampfenden, weitausgreifenden Bewegungen in atemloser Hektik ihrem Vergnügen hingeben. Eng schmiegen sie ihre Körper aneinander, aber erneut begegnen

wir auch hier, wie so oft bei Beckmann, dem Phänomen der Fremdheit zwischen den Menschen, denn augenscheinlich bleibt ein jeder dieser Tänzer vornehmlich für sich. Sie schauen aneinander vorbei wie auch fast alle die von dem Geschehen auf der Bühne ohnehin keine Notiz nehmenden Barbesucher in „Nackttanz" aus der „Berliner Reise" (Abb. 125).

An anderer Stelle wurde bereits erwähnt, daß einzelne Gestalten in Beckmanns Werken, etwa der „Auferstehung" (Abb. 57), die Kenntnis spätmittelalterlicher Darstellungen des Moriskentanzes voraussetzen. Und augenscheinlich floß diese Erinnerung auch in sein Bild der einen Modetanz praktizierenden Damen und Herren ein, wie der Vergleich mit van Meckenems Kupferstich deutlich macht (Abb. 124), wo die Tänzer forciert-ekstatische Bewegungen derselben Art vollführen. Da Beckmanns Gesellschaftskritik – wie in „Hunger" – zumeist den Verweis auf die christliche Ethik einschließt, ist auch in der Verwandtschaft zwischen „Malepartus" und dem Moriskentanz wahrscheinlich mehr zu sehen als eine rein formale Anlehnung. In der älteren Kunst sind Moriskentanz, Affentanz und Kinderspiel „untereinander verwandt und können als bildliches Gleichnis überall dort auftauchen, wo man die

128 Lucas van Leiden, David spielt vor Saul, 1508,
Kat. 99

113 s. Beckmann, Gemälde und Aquarelle der Sammlung Lackner, a.a.O. (s. Anm. 22) Kat. Nr. 118

129 Die Hölle, 1919, Bl. 8, Das patriotische Lied, Kat. 75

130 Die Enttäuschten II, 1922, Kat. 92

Unzulänglichkeit und Einsichtslosigkeit des Menschen vor Gott oder seinem Schicksal anprechen will."[114] Beckmann fügt diesem Bedeutungshintergrund mit den umgestürzten Gläsern neben der Weinflasche in „Malepartus" ein Motiv hinzu, das als Vanitas-Zeichen von der Nichtigkeit des exaltierten Treibens kündet.

Häufig hielt Beckmann, der sich einen „Individualitätenjäger" nannte,[115] „Straßenszenen, Menschen in Cafés, Bars, auf Bahnhöfen, im Kabarett und im Zirkus" spontan fest. „Da er nicht immer ein Skizzenbuch bei sich hatte, zeichnete er auf leere Briefbögen, auf die Rückseite von alten Briefumschlägen, auf die Rückseite einer Rechnung oder was immer an Papier zur Hand war."[116] Ein Blatt dieses Typus ist die „Kneipenszene" (Abb. 127), notiert auf der Rückseite eines Briefkuverts mit dem Poststempel vom 3. April 1919,[117] die bereits die wesentlichen Motive der achten „Hölle"-Darstellung, „Das Patriotische Lied" (Abb. 129), enthält. Wie in der Szene mit den „Ideologen" (Abb. 115) verfließen in der endgül-

tigen Formulierung des Bilds aber erneut Innen- und Außenraum, und über den Köpfen der trübsinnigen Gesellschaft erscheinen „Gestirne", deren rechtes – wohl ein Nachklang von Beckmanns Hinwendung zu von Gogh (vgl. Abb. 60) – von einem breiten Ring immer neu ansetzender Linien umgeben ist.

Ein im Städelschen Kunstinstitut in Frankfurt am Main aufbewahrter Probedruck des „Patriotischen Lieds" trägt Beckmanns eingenhändige Aufschrift: „Wartesaal (Deutschland, Deutschland über alles)". Dies konkretisiert den offiziellen Titel des Blattes und erinnert zugleich an ein Erlebnis Beckmanns, von dem er 1915 in einem der „Briefe im Krieg" berichtete: „Nacht ist es mal wieder. Drüben im Lazarett singen sie bei der Abschiedsfeier für den Oberstabsarzt bei Bier und Musik mal wieder: Deutschland, Deutschland über alles... Ab und zu donnert ein Geschütz von weitem herüber. Ich sitze wie so oft allein."[118] Zu einer Zeit, da der Erste Weltkrieg weniger als ein Jahr alt war, mochte jenes „patriotische Lied" vielleicht auf manchen noch wie ein Stimu-

114 Bandmann, Melancholie und Musik, a.a.O. (s. Anm. 59), S. 68 f.
115 Beckmann, Tagebücher, 1940–1950, a.a.O. (s. Anm. 1), S. 273 (7.9.1948)
116 Mein Leben mit Beckmann, a.a.O. (s. Anm. 1), S. 154
117 s. von Wiese, Beckmann zeichnerisches Werk, a.a.O. (s. Anm. 8), Nr. 426

118 Briefe im Kriege, a.a.O. (s. Anm. 4), S. 63 (24.5.1915)

131 Die Letzten, 1919, Kreide, 85 x 61,1 cm, Bern, Sammlung Kornfeld

132 Die Hölle, 1919, Bl. 9, Die Letzten, Kat. 76

133 Die Familie, 1919 (Originalzeichnung zu Bl. 10 des Zyklus Die Hölle), Kat. 78

134 Die Hölle, 1919, Bl. 10, Die Familie, Kat. 77

135 Selbstbildnis mit steifem Hut, 1921, Kat. 85

lans gewirkt haben. Für die in der „Hölle"-Szene – nach Deutschlands Niederlage – Versammelten ist es nicht mehr als eine Beschwörungsformel für unerfüllt gebliebene Träume. Sie hocken um einen Tisch, auf dem zwei mit dem Reichsadler verzierte Tassen stehen, sind versunken in Müdigkeit und Niedergeschlagenheit; allein der Soldat vorn und der Zivilist ihm gegenüber raffen sich auf zum Gesang.

Beckmann vergegenwärtigt in diesem „Hölle"-Blatt eine bestimmte politische Haltung, die Position der Deutschnationalen, die sich nach dem verlorenen Krieg um ihre Hoffnungen betrogen sahen. Mit dem endgültigen, allgemeiner gefaßten Titel führt er jedoch auch fort vom Tagesgeschehen und der Zeitgeschichte – die Einfügung der „Gestirne" dient hier wohl demselben Ziel. So stellt die Szene sich auch dar als ein Beispiel für die seit altersher gehegte und in der Kunst immer wieder veranschaulichte Vorstellung von der heilenden Kraft, welche die Musik auf das von Schwermut verdüsterte Gemüt des Menschen ausübt. Prototypischen Charakter für diesen Gedanken hat die alttestamentarische Erzählung von König Saul, dem David auf der Harfe vorspielt, um ihn vom Leiden der Melancholie zu befreien (Abb. 128). In diesem Kontext ist zu fragen, ob es mit dem bärtigen Soldaten links unter den „Himmelskörpern" des „Patrio-

tischen Lieds" nicht eine besondere Bewandtnis habe. Ihm haftet keinerlei Zug von Depression an, er ist separiert von der Gruppe, blickt finster zur Seite. Spielt Beckmann mit dieser Gestalt an auf den „Planetengott Saturn, der Not und Unheil über die Menschen bringt und seit ältesten Zeiten mit dem melancholischen Temperament und seiner Misere verbunden wird."? Ohne Vorläufer wäre diese Art der Verbildlichung nicht; Lucas Cranach d.Ä. stellt den Saturn in seinem 1533 datierten Gemälde „Melancholia" als Greisenkopf dar.[119]

Kein anderes der „Hölle"-Blätter gibt sich zunächst in so unmittelbarer Weise als Szene des Zeitgeschehens zu erkennen wie „Die Letzten" (Abb. 132). Man möchte sogar annehmen, daß Beckmann von zeitgenössischen Photos ausgegangen ist (Abb. 77, 78), wie er dies auch schon bei früherer Gelegenheit tat. Als er 1909 „Szene aus dem Untergang von Messina" malte, notierte er in seinem Tagebuch: „Heute habe ich nun wieder mit meiner ganzen Kraft an Messina gearbeitet. Morgen's nach dem Modell und nachmittags aus dem Kopf und nach Tageszeitungsphotographien den Hintergrund angefangen."[120] Zivilisten und Uniformierte – unter ihnen rechts, wie an den Bändern der Mütze erkennbar, ein Matrose[121] – haben sich in einer Wohnung verschanzt und sind angetreten zum letzten Kampf. „Es gilt den letzten Kampf zu bestehen", lautete die Parole aus einem Flugblatt des Spartakusbundes vom 9. Januar 1919. Die Verwandtschaft zum Titel der „Hölle"-Szene von Beckmann, der 1922 Vertreter der Linken mit derselben Distanz vergegenwärtigt wie ihre politischen Gegenspieler (Abb. 130, 110)[122], ist offenkundig. Doch hat der Begriff „Die Letzten" auch überzeitlichen Klang, und die auffällige Beziehung zu den Photographien kann nur beim ersten Augenschein einen gewichtigen Unterschied überdecken. Bei jenen bleibt stets bewußt, daß es sich um Ausschnitte aus einem bestimmten historischen Geschehen handelt, während eine solche Reduktion auf eine einzelne Szene im Kunstwerk Zuspitzung, Verabsolutierung meint. „Die Letzten" sind ein Zeitbild der „deutschen

119 Das Zitat stammt aus: Bandmann, Melancholie und Musik, a.a.O. (s. Anm. 59), S. 64; s. ebda. Abb. 19
120 Leben in Berlin, a.a.O. (s. Anm. 5), S. 30 (21.1.1909). Das Gemälde befindet sich in der Sammlung Morton D. May, St. Louis; s. Göpel, Beckmann, Kat. der Gemälde, a.a.O. (s. Anm. 11), Nr. 106
121 Dieses Motiv läßt darauf schließen, daß es sich bei den „Letzten" um eine Gruppe von Revolutionären der Berliner Aufstände von Januar und März 1919 handelt, nicht um „unpolitische Plünderer", die am 30. März jenes Jahres durch Frankfurt „zogen und sich in Häusern und Hotels gegen den Matrosensicherungsdienst um Wilhelm Grönke verschanzten." Zitiert nach von Wiese, Beckmanns zeichnerisches Werk, a.a.O. (s. Anm. 8), Anm. 315.
122 Zu einer der Aufschriften in „Enttäuschte II" s. Anm. 41

Revolution", zugleich aber Metapher für einen Wesenszug des Menschen, seine Aggressivität – die im eigenen Untergang resultiert. In die Alternativzeichnung (Abb. 131) hatte Beckmann noch Worte und Sätze – „VERBRÜD(ERUNG)/ „WIR SIND TOT" – eingeschrieben, die sich wie ein resümierender Kommentar zu dem aktuellen Geschehen lesen.[123] Wahrscheinlich verzichtete er auf sie in der endgültigen Fassung, um den überzeitlichen Charakter jener Botschaft noch klarer hervortreten zu lassen.

Im Schlußbild, „Die Familie" (Abb. 134), tritt Beckmann wieder deutlich in Erscheinung als Beteiligter an dem „Schauspiel", das er eingangs des Zyklus angekündigt hatte (Abb. 97). Geborgenheit strahlt die häusliche Szene nicht aus; mit abwehrenden Gesten reagieren die beiden Erwachsenen – neben Beckmann seine Schwiegermutter Tube-Römpler – auf den Auftritt des Sohnes Peter, der mit einem „Helm" auf dem Kopf erscheint und zwei Handgranaten emporhält, auf die er fasziniert schaut.

Die Szene hat einen durchaus „historischen", realen Hintergrund. Die Wohnung von Frau Tube lag in Berlin-Wilmersdorf, Pariser Straße 2, unweit des Joachimsthalschen Gymnasiums. Das Gelände hinter dem Gebäude – dort steht heute das Theater der Freien Volksbühne – war 1919 eine der Sammelstellen für die aus dem Krieg heimkehrenden Soldaten; ein Anziehungspunkt für den damals elfjährigen Jungen. Er fand dort zwei „Dosen", die beim Schütteln ein seltsames Geräusch machten, und trug sie – vielleicht war Kaffee, zu jener Zeit ein Luxusartikel, darin – stolz und neugierig nach Hause. Der Vater (der im Bild den beiden „Dosen" Stiele gab) zeigte sich erschreckt und empört über den Fund: „Hinaus damit!"[124]

Die Episode aus dem Nachkriegsalltag verwandelt sich im letzten Blatt der „Hölle" in ein Sinnbild für die ewige Wiederkehr des Gleichen, für die Heillosigkeit der Welt. Mit weitaufgerissenen Augen blickt Beckmann über das Kind hinweg, und mit der erhobenen, das Fenster-Kreuz und die Rahmenlinie überschreitenden Linken weist er empor. Vielleicht besagt die Gebärde dasselbe, was er im Entstehungsjahr der „Hölle" in Worten so formulierte: „Ich werfe in meinen Bildern Gott alles vor, was er falsch gemacht hat." Und: „Meine Religion ist Hochmut vor Gott, Trotz gegen Gott. Trotz, daß er uns so geschaffen hat, daß wir uns nicht lieben können."[125]

Beckmann „skizzierte" das Zeitgeschehen nicht aus der Distanz wie Ernst Stern (Abb. 142, 143). Vom Tausch der Macht, den George Grosz postulierte (Abb. 144–148), erwartete er nicht das Heil. Er hatte Modelle für den Weg zum Glück nicht zur Hand, sondern wollte „den Menschen", wie er in der „Konfession" von 1918 sagt (S. 52), „ein Bild ihres Schicksals geben." Wenn er sich dazu

136 Selbstbildnis, 1922, Kat. 93

christlicher „Gewandung" bedient, heißt dies zunächst: Die christliche Idee besaß in jener Zeit für Beckmann noch herausragendes Gewicht – trotz des Haders mit Gott. Er hoffte 1918, wie er an gleichem Ort äußerte, auf „eine neue", wahrscheinlich am Urchristentum orientiert zu denkende „Kirche". Die Einkleidung des Zeitgeschehens in die assoziationsmächtigen, über den Tag hinaus gültigen Formeln christlicher Motivik aber ist auch ein Mittel der Bild-Strategie: Bindung an das Verhängnis ist der Menschen zeitloses Schicksal. Und die „Hölle" ist in Beckmanns Verständnis nicht angesiedelt im Jenseits, sondern allzeit gegenwärtig: „Die Welt ist eben die Hölle und die Menschen sind einerseits die gequälten Seelen und andererseits die Teufel darin."[126]

123 Sie erinnern an den Schlußvers von Reinicks Texten zu Alfred Rethels Holzschnittzyklus „Auch ein Totentanz", der die Revolution von 1848 zum Gegenstand hat und den Tod als den wahren Sieger kennzeichnet: „Die ihm gefolgt, sie liegen bleich, als Brüder alle frei und gleich."

124 Mündliche Mitteilung (1983) von Dr. Peter Beckmann an den Verfasser

125 s. Piper, Nachmittag, a.a.O. (s. Anm. 22), S. 33

126 Schopenhauer Parerga und Paralipomena, a.a.O. (s. Anm. 108), S. 315.

Zeitgenossen

137 Karl Schmidt-Rottluff, Christus, 1918, Kat. 114

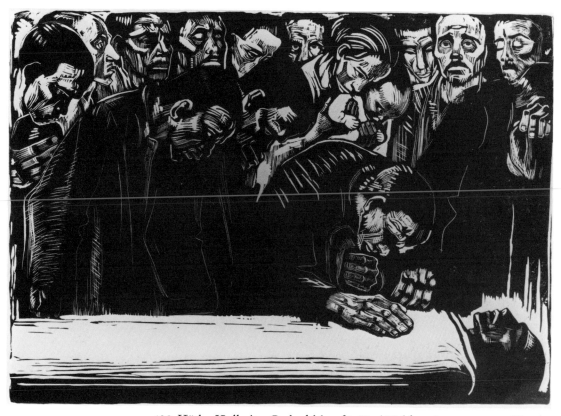

138 Käthe Kollwitz, Gedenkblatt für Karl Liebknecht, 1919–1920, Kat. 113

139 Otto Dix, Streichholzhändler, 1920, Kat. 103

140 Otto Dix, Die Prominenten, 1920, Kat. 104

141 Otto Dix, Lärm der Straße, 1920, Kat. 105

142 Ernst Stern, Die Autos am neunten November, 1919, Kat. 115

143 Ernst Stern, Schüsse am Brandenburger Tor, 1919, Kat. 117

144 George Grosz, Wie der Staatsgerichtshof aussehen sollte, Kat. 110

145 George Grosz, Feierabend, 1919, Kat. 106

146 George Grosz, Die vollendete Demokratie, 1919, Kat. 108

147 George Grosz, Abrechnung folgt!, Kat. 111

148 George Grosz, Die Kommunisten fallen – und die Devisen steigen, 1919, Kat. 109

Verzeichnis der ausgestellten Werke

Bei den Maßangaben ist die Höhe der Breite vorangestellt. Zuerst wird die Bildgröße (im Fall von Radierungen die Plattengröße) genannt, sodann (in Klammern), falls die Ränder nicht wie bei einzelnen Werken der älteren Meister extrem beschnitten sind, die Blattgröße. Haben die Blätter aus graphischen Folgen eine identische Blattgröße, so wird diese allein bei dem zuerst aufgeführten Werk genannt.

Bei einzelnen graphischen Blättern Beckmanns wurde auf Angaben zur Auflagenhöhe verzichtet. Dies wird erst zu korrigieren sein nach Veröffentlichung des Werkverzeichnisses von Beckmanns Druckgraphik, das James Hofmaier vorbereitet. Mit Dank sei darauf verwiesen, daß der Autor Auszüge seines Manuskriptes zugänglich gemacht hat, auf das viele der in diesem Verzeichnis gegebenen Hinweise zurückgehen; u. a. auch neue Datierungen wie bei den Kat. Nrn. 30 und 65.

Es muß offenbleiben, ob einzelne der 1914 entstandenen graphischen Arbeiten zu Recht ihren Platz fanden in den Bildgruppen „Beckmanns frühe Graphik, 1901–1914" bzw. „Beckmanns Graphik im Krieg, 1914–1918", da nicht sicher ist, ob sie vor oder nach Kriegsausbruch geschaffen wurden. Für die Aufnahme des 1922 entstandenen Holzschnittes „Totenhaus" in die zweite Bildgruppe war die motivische Verwandtschaft mit einem früheren Werk ausschlaggebend (s. Kat. Nr. 65).

Zu einer Reihe von Werken, die im Katalog zwar abgebildet sind, aber nicht im Original ausgestellt werden können, siehe die Vorbemerkung zum Katalog. Werke, bei denen statt des Standorts eine Inventarnummer oder eine entsprechende Signatur genannt wird, gehören zur Sammlung des Kupferstichkabinetts.

Abgekürzt zitierte Literatur

Bartsch:
Adam Bartsch, Le Peintre-Graveur, 21 Bde., Wien 1803–1821

Bloch:
Georges Bloch, Picasso, Katalog des graphischen Werkes, Bd. I (1904–1967), Bern 1968

Burke/Caldwell:
Joseph Burke und Colin Caldwell, Hogarth – The Complete Engravings, London 1968

Dube:
Annemarie und Wolf-Dieter Dube, Ernst Ludwig Kirchner, Das graphische Werk, 2 Bde., München 1967

Dückers:
Alexander Dückers, George Grosz – Das druckgraphische Werk, Berlin 1979

Essick:
Robert N. Essick, William Blake – Printmaker, Princeton 1980

Gallwitz:
Klaus Gallwitz, Max Beckmann – Die Druckgraphik, Karlsruhe 1962

Geisberg:
Max Geisberg, Verzeichnis der Kupferstiche Israhels van Meckenem, Straßburg 1905

Harris:
Thomás Harris, Goya, Engravings and Lithographs, 2 Bde., Oxford 1964

Hofmaier:
James Hofmaier, Max Beckmann, Werkverzeichnis der Druckgraphik (in Vorbereitung)

Hollstein:
F. W. H. Hollstein, Dutch and Flemish Etchings, Engravings and Woodcuts, ca. 1450–1700, 24 Bde., Amsterdam 1949–1980

Karsch:
Florian Karsch, Otto Dix – Das graphische Werk, mit einer Einführung von Hans Kinkel, Hannover 1970

Klipstein:
August Klipstein, Käthe Kollwitz, Verzeichnis des graphischen Werks, Bern 1955

Malik:
Der Malik-Verlag, 1916–1947; Ausstellungskatalog mit der Bibliographie des Malik-Verlags und einer Einführung von Wieland Herzfelde, Berlin 1966

Meaume:
Edouard Meaume, Recherches sur la vie et les ouvrages de Jacques Callot, 2 Bde., 3. Auflage, Paris 1860

Meder:
Joseph Meder, Dürer-Katalog, Wien 1932

Schapire:
Rosa Schapire, Karl Schmidt-Rottlufs graphisches Werk bis 1923, Berlin 1924

van Bastelaer:
R. van Bastelaer, Les Estampes de Pieter Bruegel l'Ancien, Brüssel 1908

von Wiese:
Stephan von Wiese, Max Beckmanns zeichnerisches Werk, 1903–1925, Düsseldorf 1978

EINFÜHRUNG

1 Sandro Botticelli (1445–1510)

Dante und Vergil im achten Kreis der Hölle,
zwischen 1490 und 1500
Illustration zu Dantes „Göttlicher Komödie"
(XVIII. Gesang des „Inferno")
Schwarzer Stift, Feder in Braun und Deckfarben
auf Pergament
32,3 x 47 cm

(Inferno XVIII)

Abb. 2

2 Alart Du Hameel (um 1449 – um 1509)
nach Hieronymus Bosch (um 1450–1516)

Das Jüngste Gericht
Kupferstich
23,7 x 34,6 cm
Hollstein 2 I

(Inv. Nr. 871 – 13/ 1841)

Abb. 4

3 Albrecht Dürer (1471–1528)

Christus in der Vorhölle, 1510
Holzschnitt (geschaffen für die vollständige Ausgabe der
„Großen Passion" in Buchform, 1511)
39,7 x 28,5 cm
Bartsch 14 I

(Inv. Nr. 101 – 2)

Abb. 3

4 Pieter Bruegel d. Ä. (um 1525/30–1569)

Versuchung des hl. Antonius, erschienen 1556
Kupferstich
24,6 x 32,8 cm
van Bastelaer 119

(Inv. Nr. 57 – 1964)

Abb. 5

5 Jacques Callot (1592–1635)

Versuchung des hl. Antonius, erschienen 1635
Radierung
35,6 x 46,1 cm
Meaume 139 II

(Inv. Nr. 65 – 1904)

Abb. 6

6 William Hogarth (1697–1764)

Szene in einem Irrenhaus
Blatt 8 der Folge „Aus dem Leben eines Wüstlings",
erschienen 1735
Radierung und Kupferstich
31,1 x 38,5 cm (44 x 51,6 cm)
2. Zustand
Burke/Caldwell 163

(Inv. Nr. 61.101 – 1899)

Abb. 8

7 William Hogarth

Die erste Stufe der Grausamkeit
Blatt 1 der Folge „Die vier Stufen der Grausamkeit",
erschienen 1751
Radierung und Kupferstich
38,5 x 32,1 cm (47,5 x 40,8 cm)
1. Zustand
Burke/Caldwell 224

(Inv. Nr. 914 – 68)

Abb. 7

8 Francisco Goya (1746–1828)

Der Schlaf/der Traum der Vernunft gebiert Ungeheuer
Blatt 43 der „Caprichos", erschienen 1799
Radierung und Aquatinta
21,2 x 15,1 cm (31,6 x 21,6 cm)
Harris 78 III, 1

(Inv. Nr. 22 – 1896)

Abb. 11

9 William Blake (1757–1827)

Paolo und Francesca im zweiten Kreis der Hölle
(Der Wirbelsturm der Liebenden), 1826–1827
Illustration zu Dantes „Göttlicher Komödie"
(V. Gesang des „Inferno")
Blatt 1 aus einer Folge von 7 Kupferstichen
nach Aquarellen, Exemplar 6/25
(Neuabzug von der Originalplatte; 1968)
ca. 27,7 x 35,2 cm (38,2 x 45,9 cm)
Essick 230

(Inv. Nr. 87 b – 1969; Geschenk Lessing J. Rosenwald)

Abb. 9

10 William Blake

Der Graben der Diebe im achten Kreis der Hölle
(Agnolo Brunelleschi wird von einer sechsfüßigen
Schlange angegriffen), 1826–1827
Illustration zu Dantes „Göttlicher Komödie"
(XXV. Gesang des „Inferno")
Blatt 4 aus einer Folge von 7 Kupferstichen
nach Aquarellen, Exemplar 6/25
(Neuabzug von der Originalplatte, 1968)
ca. 27,7 x 35,2 cm (38 x 45,6 cm)
Essick 234

(Inv. Nr. 87 e – 1969; Geschenk Lessing J. Rosenwald)

Abb. 10

11 Selbstbildnis, 1901

Kaltnadelradierung
ca. 21,7 x 14,3 cm (ca. 31,5 x ca. 24,3 cm)
Einziges bekanntes Exemplar
Gallwitz 1, Hofmaier 2

Privatbesitz

Abb. 12

(12 – 17) Sechs Lithographien zum Neuen Testament, 1911
Exemplare 30/200

12 Blatt 1: Christus in der Wüste (große Figur)

ca. 28 x 22,8 cm (ca. 58 x 41,5 cm)
Gallwitz 5, Hofmaier 16

(Inv. Nr. 156,5 – 1920)

13 Blatt 2: Taufe Christi

ca. 24,4 x 22 cm
Gallwitz 6, Hofmaier 17

(Inv. Nr. 156,1 – 1920)

14 Blatt 3: Christus und die Sünderin

ca. 25,5 x 23,5 cm
Gallwitz 7, Hofmaier 18

(Inv. Nr. 156,2 – 1920)

Abb. 14

15 Blatt 4: Die Bergpredigt

ca. 26,3 x 24,2 cm
Gallwitz 8, Hofmaier 19

(Inv. Nr. 156,3 – 1920)

16 Blatt 5: Das Abendmahl

ca. 24,9 x 30,3 cm
Gallwitz 9, Hofmaier 20

(Inv. Nr. 156,4 – 1920)

Abb. 15

17 Blatt 6: Die Würfler unter dem Kreuz

ca. 29,4 x 23,8 cm
Gallwitz 10, Hofmaier 21

(Inv. Nr. 156,6 – 1920)

Abb. 13

18 Selbstbildnis, 1911

Lithographie
ca. 25,3 x 18,5 cm (57,9 x 41,3 cm)

Exemplar 14/20
Gallwitz 12, Hofmaier 23

(Inv. Nr. 40 – 1922)

Abb. 25

19 Die Hölle, 1911

Lithographie
32,1 x 26,6 cm (48 x 31,9 cm)
Gallwitz 13, Hofmaier 24

Kunstarchiv Arntz, Haag/Obb.

Abb. 16

20 David und Bathseba, 1911

Lithographie
31,4 x 24,7 cm (57,9 x 41,2 cm)
Exemplar 11/20
Gallwitz 14, Hofmaier 25

(Inv. Nr. 49 – 1922)

Abb. 19

21 Simson und Delila, 1911

Lithographie
ca. 23,5 x 30,3 cm (40,6 x 58 cm)
Exemplar 4/5
Gallwitz 15, Hofmaier 26

(Inv. Nr. 327 – 1927)

Abb. 20

22 Tegeler Freibad, 1911

Lithographie
ca. 31,5 x 35 cm (41,5 x 57,6 cm)
Exemplar 8/20 der ersten Auflage
Gallwitz 16, Hofmaier 27

(Inv. Nr. 193 – 58 N)

Abb. 17

23 Bildnis Minna Beckmann-Tube, 1911

Lithographie
ca. 15,5 x 15 cm (31,8 x 25 cm)
Exemplar 3/20
Gallwitz 19, Hofmaier 30

(Inv. Nr. 192 – 58 N)

Abb. 22

24 Modell, 1911

Lithographie
ca. 34 x 26,8 cm (ca. 44,9 x 36,3 cm)

Exemplar 22/40
Gallwitz 22, Hofmaier 33

(Inv. Nr. 33 - 1922)

Abb. 24

25 Admiralscafé, 1911

Lithographie
ca. 26,8 x 30,8 cm (ca. 35,7 x ca. 44,8 cm)
Exemplar 24/40
Gallwitz 23, Hofmaier 32 II

(Inv. Nr. 39 - 1922)

Abb. 18

26 Jahrmarktbude, 1912

Lithographie
ca. 36 x 29,3 cm (ca. 42 x 32,2 cm)
Bezeichnet: „Erster Zustand"
Gallwitz 24, Hofmaier 36

Kunstarchiv Arntz, Haag/Obb.

Abb. 21

27 Das Bad der Sträflinge, 1912

7 Lithographien zu Dostojewskis „Aus einem Totenhaus"
Erschienen in: Kunst und Künstler, XI, Nr. VI,
1913, S. 289–296
Seite 293: Das Bad der Sträflinge
21,5 x 18 cm (32,5 x 26,5 cm)
Gallwitz 28 (5), Hofmaier 42

Kunstbibliothek Berlin
Staatliche Museen Preußischer Kulturbesitz

Abb. 23

28 Bordell in Hamburg, 1912

Kaltnadelradierung
ca. 11,1 x 16,6 cm (23,7 x 31 cm)
Probedruck vor der Auflage
Gallwitz 33, Hofmaier 50

Privatbesitz

Abb. 31

29 Die Vergnügten, 1912

Kaltnadelradierung
11,8 x 17 cm (24 x 31,7 cm)
Exemplar 19/30
Gallwitz 34, Hofmaier 51

(Inv. Nr. 46 - 1922)

Abb. 28

30 Abendgesellschaft, 1912

Kaltnadelradierung

14,6 x 19,6 cm (24,2 x 28,7 cm)
Eines von wohl 50 Exemplaren
Gallwitz 43, Hofmaier 52 III

(Inv. Nr. 47 - 1922)

Abb. 29

31 Kleines Selbstbildnis, 1913

Kaltnadelradierung
15 x 11,8 cm (44,8 x 36 cm)
Eines von wohl 50 Exemplaren
Gallwitz 35, Hofmaier 60 II

(Inv. Nr. 45 - 1922)

Abb. 26

32 Mink von vorn mit großer Frisur, 1913

Kaltnadelradierung
16,2 x 12,6 cm (52,5 x 38,2 cm)
Eines von 90 Exemplaren; wahrscheinlich 1922 erschienen
Gallwitz 36, Hofmaier 61

(Inv. Nr. 51 - 1924)

Abb. 27

33 Die Nacht, 1914

Kaltnadelradierung
ca. 22,6 x 27,7 cm (26,5 x 33 cm)
Eines von 50 Exemplaren aus der Vorzugsausgabe der Mappe
„Shakespeare Visionen", erschienen 1918
Gallwitz 54, Hofmaier 75 IV

(Inv. Nr. 2 - 1983)

Abb. 30

BECKMANNS GRAPHIK IM KRIEG, 1914–1918

34 Weinende Frau, 1914

Kaltnadelradierung
24 x 18,7 cm (46,7 x 35,1 cm)
Eines von 50 Exemplaren
Gallwitz 49, Hofmaier 70 IV

(Inv. Nr. 35 - 1922)

Abb. 32

35 Selbstbildnis, 1914

Kaltnadelradierung
23,2 x 17,5 cm (47 x 36 cm)
Eines von 50 Exemplaren
Gallwitz 51, Hofmaier 72 II

(Inv. Nr. 374 - 1920)

Abb. 36

36 Bildnis des verwundeten Schwagers Martin Tube, 1914

Lithographie
30,2 x 25 cm (47,5 x 31,9 cm)
Exemplar aus der Zeitschrift „Kriegszeit", Nr. 11,
4. Nov. 1914, S. 4
Gallwitz 53, Hofmaier 74 VII

Abb. 35

37 Die Kriegserklärung, 1914

Kaltnadelradierung
20 x 24,8 cm (ca. 26,1 x 35,4 cm)
Probedruck vor der Auflage von 50 Exemplaren
Gallwitz 57, Hofmaier 76 III A

(Inv. Nr. 1202 – 1916)

Abb. 34

38 Bordell in Gent, 1915

Kaltnadelradierung
15,1 x 20 cm (28,1 x 39 cm)
Bezeichnet: „Brüssel Bordell Probehanddruck"
Gallwitz 61, Hofmaier 83 II

Privatbesitz

Abb. 38

39 Die Granate, 1915

Kaltnadelradierung
43,5 x 28,8 cm (55 x 38,9 cm)
Bezeichnet: „Probedruck"
Gallwitz 62, Hofmaier 78 III

Privatbesitz

Abb. 39

40 Gesellschaft, 1915

Kaltnadelradierung
ca. 25,7 x 30,9 cm (ca. 35,2 x 44,5 cm)
Exemplar des 1. Zustands
Gallwitz 63, Hofmaier 84

Kunstarchiv Arntz, Haag/Obb.

Abb. 40

41 Fliegerbeschießung, 1915

Kaltnadelradierung
ca. 19,8 x 14,5 cm (ca. 28 x 20 cm)
Eines von 40 Exemplaren auf imitiertem Japan
(zusätzlich 10 Exemplare auf echtem Japan)
Gallwitz 64, Hofmaier 85 II

Privatbesitz

Abb. 33

42 Straße II, 1916

Kaltnadelradierung
19,9 x 29,8 cm (36,6 x 56 cm)
Gallwitz 79, Hofmaier 100 VIII

Privatbesitz

Abb. 41

43 Adam und Eva, 1917

Kaltnadelradierung
ca. 23,8 x 18 cm (ca. 47,2 x 32 cm)
Gallwitz 88, Hofmaier 108 III

Kunstarchiv Arntz, Haag/Obb.

Abb. 46

44 Kasimir Edschmid, Die Fürstin

Buch, illustriert mit 6 Kaltnadelradierungen
von Max Beckmann aus dem Jahr 1917, Weimar,
Gustav Kiepenheuer Verlag, 1918

   a. Erste Illustration zum Kapitel „Das Frauenschloß"
     ca. 17,4 x 13,2 cm (31,4 x 22,5 cm)

   b. Zweite Illustration zum Kapitel „Das Frauenschloß"
     Maße wie Blatt a

   c. Illustration zum Kapitel „Jael"
     ca. 18,9 x 12,2 cm

   d. Illustration zum Kapitel „Abenteuerliche Nacht"
     ca. 18,2 x 13,6 cm

   e. Illustration zum Kapitel „Brief"
     Maße wie Blatt a

   f. Illustration zum Kapitel „Traum"
     ca. 18 x 13,8 cm

Exemplar 85 von 500
Gallwitz 89/1–6, Hofmaier 109 IV, 110 II, 111 IV,
112 I, 113 II, 114 V

(Inv. Nr. 13 – 1964)

Abb. 42–45

(45–63) Gesichter

Folge von 19 Kaltnadelradierungen, erschienen 1919
Verlag der Marées Gesellschaft/R. Piper & Co., München
Exemplar XXXV von 40 Exemplaren auf Japan
(zusätzlich 60 Exemplare auf Bütten;
das Exemplar des Kupferstichkabinetts besitzt
ein anderes Eingangs- bzw. Schlußblatt
als bei Gallwitz angegeben)

(Inv. Nr. G 57/279)

45 Gesichter, Blatt 1: Selbstbildnis, 1918

ca. 27,9 x 26,1 cm (ca. 47,4 x 33 cm)
Gallwitz 108, Hofmaier 135 III

Abb. 47

46 Gesichter, Blatt 2: Familienszene (Familie Beckmann), 1918

ca. 30,6 x 26,3 cm (ca. 48 x 33 cm)
Gallwitz 98, Hofmaier 125 II

Abb. 48

47 Gesichter, Blatt 3: Irrenhaus, 1918

ca. 25,7 x 30,6 cm (ca. 33,9 x 36,4 cm)
Gallwitz 106, Hofmaier 133 IV

Abb. 49

48 Gesichter, Blatt 4: Liebespaar I, 1916

ca. 22,8 x 29,1 cm (ca. 30 x 37,4 cm)
Gallwitz 65, Hofmaier 86 III

Abb. 50

49 Gesichter, Blatt 5: Liebespaar II, 1918

ca. 21,6 x 25,7 cm (ca. 31,8 x 33,4 cm)
Gallwitz 97, Hofmaier 124 II

Abb. 51

50 Gesichter, Blatt 6: Mainlandschaft, 1918

ca. 24,7 x 29,8 cm (32 x 37 cm)
Gallwitz 99, Hofmaier 126 IV

Abb. 52

51 Gesichter, Blatt 7: Die Gähnenden, 1918

ca. 30,4 x 25,5 cm (37,8 x 32 cm)
Gallwitz 100, Hofmaier 127 V

Abb. 53

52 Gesichter, Blatt 8: Theater, 1916

ca. 12,6 x 17,8 cm (23,6 x 25 cm)
Gallwitz 66, Hofmaier 87 III

Abb. 55

53 Gesichter, Blatt 9: Cafémusik, 1918

ca. 31,2 x 23,3 cm (ca. 39 x 30,2 cm)
Gallwitz 101, Hofmaier 128 IV

Abb. 54

54 Gesichter, Blatt 10: Der Abend
(Selbstbildnis mit Battenbergs), 1916

ca. 23,9 x 17,7 cm (30,2 x 23,1 cm)
Gallwitz 67, Hofmaier 88 III

Abb. 56

55 Gesichter, Blatt 11: Kreuzabnahme, 1918

ca. 30,5 x 25,8 cm (ca. 47,5 x 32,8 cm)
Gallwitz 102, Hofmaier 129 II

Abb. 59

56 Gesichter, Blatt 12: Auferstehung, 1918

ca. 24,6 x 33,2 cm (ca. 32,8 x 47,6 cm)
Gallwitz 103, Hofmaier 130 III

Abb. 57

57 Gesichter, Blatt 13: Frühling, 1918

ca. 29,7 x 19,8 cm (38,2 x 30,4 cm)
Gallwitz 104, Hofmaier 131 II

Abb. 58

58 Gesichter, Blatt 14: Landschaft mit Ballon, 1918

ca. 23,5 x 29,7 cm (33 x 36 cm)
Gallwitz 105, Hofmaier 132 II

Abb. 60

59 Gesichter, Blatt 15: Zwei Autooffiziere, 1915

ca. 11,8 x 17,9 cm (23,5 x 24,7 cm)
Gallwitz 60, Hofmaier 82 I

Abb. 61

60 Gesichter, Blatt 16: Spielende Kinder, 1918

ca. 25,8 x 30,3 cm (ca. 31,7 x 37 cm)
Gallwitz 107, Hofmaier 134 III

Abb. 62

61 Gesichter, Blatt 17: Prosit Neujahr, 1917

ca. 24 x 29,5 cm (ca. 32,6 x 36,5 cm)
Gallwitz 86, Hofmaier 106 VII

Abb. 63

62 Gesichter, Blatt 18: Große Operation,
(wahrscheinlich) 1914

ca. 29,9 x 44,8 cm (32,5 x 50,1 cm)
Anstelle des Exemplars aus der Folge ist ein als
„Handprobedruck" bezeichnetes Exemplar abgebildet
und ausgestellt (Inv. Nr. 19 – 1920)
Gallwitz 55, Hofmaier 79 V

Abb. 64

63 Gesichter, Blatt 19: Selbstbildnis mit Griffel, 1917

ca. 29,8 x 23,5 cm (ca. 47,3 x 33 cm)
Gallwitz 82, Hofmaier 103 III

Abb. 65

64 Selbstbildnis von vorn, im Hintergrund Hausgiebel, 1918

Kaltnadelradierung
30,5 x 25,6 cm (53,3 x 38 cm)
Eines von 100 Exemplaren auf Velin
(zusätzlich 50 Exemplare auf Japan)
Gallwitz 96, Hofmaier 123 IV

(Inv. Nr. 49 – 1924)

Abb. 66

65 Totenhaus, 1922

Holzschnitt
37,1 x 46,8 cm (46 x 57,4 cm)
In dem Holzschnitt wird spiegelbildlich die Szene
der Radierung „Leichenhaus" aus dem Jahr 1915 wiederholt
(Gallwitz 59, Hofmaier 81)

Exemplar 18/55
Gallwitz 221, Hofmaier 251 II

Privatbesitz

Abb. 37

DIE HÖLLE, 1919

(66 - 77) Die Hölle, 1919

Folge von 10 Umdrucklithographien mit lithographiertem
Titelblatt und einer Mappe mit lithographiertem
Umschlagbild
Verlag Graphisches Kabinett J. B. Neumann, Berlin
Drucker: C. Naumann's Druckerei, Frankfurt am Main
Exemplar 26/75 auf imitiertem Japan
50 Exemplare kamen in den Handel mit der Mappe,
25 Exemplare als lose Blätter

(Inv. Nr. G 60/19)

66 Selbstbildnis
mit lithographiertem Text (Umschlag der Mappe)

ca. 63,5 x 42,1 cm (das Selbstbildnis mitsamt dem Text)
ca. 88 x 65 cm (Format der Mappe)
Hofmaier datiert das Selbstbildnis 1918/1919
Hofmaier 137 II

Abb. 97

67 Selbstbildnis (Titelblatt)

38,5 x 30,2 cm (ca. 86,5 x 60,5 cm)
Gallwitz 113, Hofmaier 137 III

Abb. auf dem Umschlag des Katalogs

68 Die Hölle, Blatt 1: Der Nachhauseweg

73,5 x 48,3 cm
Gallwitz 114, Hofmaier 138

Abb. 101

69 Die Hölle, Blatt 2: Die Straße

67,5 x 53,9 cm
Gallwitz 115, Hofmaier 139

Abb. 105

70 Die Hölle, Blatt 3: Das Martyrium

54,7 x 75,2 cm
Gallwitz 116, Hofmaier 140

Abb. 108

71 Die Hölle, Blatt 4: Der Hunger

62,7 x 50,1 cm
Gallwitz 117, Hofmaier 141

Abb. 113

72 Die Hölle, Blatt 5: Die Ideologen

71,4 x 50,5 cm
Gallwitz 118, Hofmaier 142

Abb. 115

73 Die Hölle, Blatt 6: Die Nacht

55,7 x 69,8 cm
Gallwitz 119, Hofmaier 143

Abb. 117

74 Die Hölle, Blatt 7: Malepartus

68,2 x 41,6 cm
Gallwitz 120, Hofmaier 144

Abb. 126

75 Die Hölle, Blatt 8: Das patriotische Lied

77,7 x 54,5 cm
Gallwitz 121, Hofmaier 145

Abb. 129

76 Die Hölle, Blatt 9: Die Letzten

66,7 x 47,4 cm
Gallwitz 122, Hofmaier 146

Abb. 132

77 Die Hölle, Blatt 10: Die Familie

ca. 75,5 x 45,8 cm
Gallwitz 123, Hofmaier 147

Abb. 134

78 Die Familie, 1919

Schwarze Kreide auf Umdruckpapier
85 x 61 cm (Blattgröße)
Originalzeichnung zu Blatt 10 der Folge „Die Hölle"
von Wiese 417

Privatbesitz

Abb. 133

79 Der Nachhauseweg

73,5 x 48,3 cm (ca. 84,2 x ca. 61 cm)
Probedruck auf rötlichem Papier zu Blatt 1 der Folge
„Die Hölle"

Privatbesitz, München

80 Die Nacht

55,7 x 69,8 cm (ca. 62,4 x 84,8 cm)
Probedruck auf rötlichem Papier zu Blatt 6 der Folge
„Die Hölle"

Privatsammlung, München

Abb. 123

81 Die Hölle, 1919

Heftausgabe, erschienen in einer Auflage von 1000
Exemplaren

Verlag Graphisches Kabinett J.B. Neumann, Berlin
Drucker: C. Naumann's Druckerei, Frankfurt am Main
12 verkleinerte, photolithographische Reproduktionen
Auf den karminroten Umschlag des Heftes ist eine Reproduktion des Titelblatts geklebt; als Innentitel dient eine Reproduktion des Umschlagbildes der Originalmappe
ca. 39,5 x 26 cm (Blattformat)
In der Ausstellung werden zwei Exemplare der Heftausgabe gezeigt.

Kunstarchiv Arntz, Haag/Obb.
Privatbesitz, Berlin

Dem „Hölle"-Zyklus zugeordnete
Werke Max Beckmanns

82 Großes Selbstbildnis, 1919

Kaltnadelradierung
ca. 24,2 x 19,5 cm (ca. 43,7 x 31,5 cm)
Eines von wohl 50 Exemplaren
Gallwitz 124, Hofmaier 151

(Inv. Nr. 133-60 N)

Abb. 1

83 Bildnis J. B. Neumann, 1919

Kaltnadelradierung
ca. 21,2 x 17,6 cm (ca. 43,7 x 34,5 cm)
Gallwitz 125, Hofmaier 152

Kunstarchiv Arntz, Haag/Obb.

Abb. 67

84 Stadtnacht, 1920

Sieben Lithographien von Max Beckmann zu Gedichten von Lili von Braunbehrens
Buch, erschienen im Verlag R. Piper & Co., München 1921

a. Titelblatt
    ca. 18,8 x 15 cm (ca. 27 x 22 cm)

b. Trinklied
    ca. 18,8 x 16,1 cm

c. Stadtnacht
    ca. 19,4 x 15,4 cm

d. Verbitterung
    ca. 19 x 14,8 cm

e. Vorstadtmorgen
    ca. 19,4 x 15,1 cm

f. Möbliert
    ca. 20,7 x 15,4 cm

g. Die Kranke
    ca. 18,6 x 15,7 cm

Exemplar LXXXIII von 100 (ohne die separaten Drucke; zusätzlich 500 weitere Exemplare)
Gallwitz 135-141, Hofmaier 162-168

(Inv. Nr. 29-1983)

Abb. 119

85 Selbstbildnis mit steifem Hut, 1921

Kaltnadelradierung
ca. 32,3 x 24,6 cm (ca. 53,5 x 42,2 cm)
Eines von wohl 50 Exemplaren der zweiten Auflage
Gallwitz 153, Hofmaier 179 III

(Inv. Nr. 44-59 N)

Abb. 135

86 Der Ausrufer (Selbstbildnis Zirkus Beckmann), 1921

Blatt 1 der Folge „Jahrmarkt" (erschienen 1922)
Kaltnadelradierung
ca. 34 x 25,8 cm (ca. 54 x 38,2 cm)
Exemplar X von 75 Exemplaren auf Japan
(zusätzlich 125 Exemplare auf Bütten)
Gallwitz 163, Hofmaier 190 III

(Inv. Nr. 50-62,1)

Abb. 98

87 Der Neger, 1921

Blatt 6 der Folge „Jahrmarkt" (erschienen 1922)
Kaltnadelradierung
ca. 29,2 x 26 cm
Exemplar X von 75 Exemplaren auf Japan
(zusätzlich 125 Exemplare auf Bütten)
Gallwitz 168, Hofmaier 195 III

(Inv. Nr. 50-62,6)

Abb. 99

88 Die Seiltänzer, 1921

Blatt 8 der Folge „Jahrmarkt" (erschienen 1922)
Kaltnadelradierung
ca. 26,2 x 25,2 cm
Anstelle des Exemplars aus der Mappe ist ein als „Handprobedruck" bezeichnetes Exemplar abgebildet und ausgestellt
Gallwitz 170, Hofmaier 197 II

(Inv. Nr. 320-1923)

Abb. 95

89 Die Enttäuschten I, 1922

Blatt 2 der Folge „Berliner Reise"
Lithographie
47,9 x 38,2 cm (ca. 68 x 53,7 cm)
Exemplar 16/100
Gallwitz 183, Hofmaier 213

(Inv. Nr. G 11/11, Ma 17)

Abb. 110

90 Die Nacht, 1922

Blatt 3 der Folge „Berliner Reise"
Lithographie
45,1 x 35,7 cm
Exemplar 16/100
Gallwitz 184, Hofmaier 214

(Inv. Nr. G 11/11; Ma 17)

Abb. 121

91 Nackttanz, 1922

Blatt 4 der Folge „Berliner Reise"
Lithographie
47,5 x 37,2 cm
Exemplar 16/100
Gallwitz 185, Hofmaier 215

(Inv. Nr. G 11/11, Ma 17)

Abb. 152

92 Die Enttäuschten II, 1922

Blatt 6 der Folge „Berlin Reise"
Lithographie
49,1 x 37,3 cm
Exemplar 16/100
Gallwitz 187, Hofmaier 217

(Inv. Nr. G 11/11, Ma 17)

Abb. 130

93 Selbstbildnis, 1922

Holzschnitt
22,6 x 15,6 cm (ca. 53,5 x 42 cm)
Eines von 125 Exemplaren auf Bütten (zusätzlich 75 Exemplare
auf Japan)
Gallwitz 195, Hofmaier 225 III

(Inv. Nr. 56-1923)

Abb. 136

94 Der Vorhang hebt sich, 1923

Kaltnadelradierung
29,8 x 21,6 cm (ca. 53,7 x 42 cm)
Probedruck vor der Auflage von 60 Exemplaren
Gallwitz 240, Hofmaier 284 II

Privatbesitz

Abb. 96

95 Christus und Pilatus, 1946

Blatt 15 der Folge „Day and Dream"
Lithographie
ca. 34,5 x 27,7 cm (39,9 x 30 cm)
Exemplar 82/90
Gallwitz 303, Hofmaier 370

(Inv. Nr. 24,15-1963)

Abb. 100

Dem „Hölle"-Zyklus zugeordnete
Werke anderer Künstler

96 Israhel van Meckenem (um 1440-1503)

Der Tanz um den Preis (Der Moriskentanz)
Kupferstich
Durchmesser: 17,4 cm
Geisberg 383 I

(Inv. Nr. 183-1881)

Abb. 124

97 Albrecht Dürer (1471-1528)

Geißelung Christi
4. Blatt der „Großen Passion", um 1497-1500
Holzschnitt
38,6 x 27,5 cm
Bartsch 8 II

(Inv. Nr. 4601-1877)

Abb. 106

98 Albrecht Dürer

Beweinung Christi, um 1496
Holzschnitt
39,1 x 28,9 cm
Meder 186

(Inv. Nr. 46-1929)

Abb. 116

99 Lucas van Leiden (1494-1533)

David spielt vor Saul, 1508
Kupferstich
25,2 x 18,7 cm
Bartsch 27

(Inv. Nr. 492-13)

Abb. 128

100 Ernst Ludwig Kirchner (1880-1938)

Straßenszene, am Schaufenster, 1914
Holzschnitt
ca. 32,2 x 23,1 cm (ca. 51 x 40,5 cm)
Dube 238

(Inv. Nr. 220-1919)

Abb. 103

101 Ludwig Meidner (1884-1966)

Straße in Wilmersdorf, 1913
(erschienen in: Die Schaffenden, 1. Jg., 4. Mappe, 1919)
Radierung
16,8 x 13,9 cm (ca. 41 x 31 cm)

(Inv. Nr. 16-1979)

Abb. 102

102 Pablo Picasso (1881-1973)

Mann mit Hund, 1914
Radierung
27,8 x 21,8 cm (ca. 46,8 x 29 cm)
Exemplar aus der endgültigen, nach 1930 erschienenen Auflage
von 102 Exemplaren
Bloch 28

(Inv. Nr. 93-61 N)

Abb. 104

ZEITGENOSSEN

103 Otto Dix (1891-1969)

Streichholzhändler, 1920
Kaltnadelradierung und Ätzung
25,9 x 30 cm (33,3 x 49,5 cm)
Exemplar 3/10 (Gesamtauflage ca. 30 Exemplare)
Karsch 11 II

(Inv. Nr. 76-61 N)

Abb. 139

104 Otto Dix

Die Prominenten (Konstellation), 1920
Aus der Folge „Neun Holzschnitte" (erschienen 1922)
25 x 20 cm (ca. 42,1 x 34,5 cm)
Exemplar 6/30
Karsch 25

(Inv. Nr. 33/15)

Abb. 140

105 Otto Dix

Lärm der Straße, 1920
Aus der Folge „Neun Holzschnitte" (erschienen 1922)
28 x 23,7 cm
Exemplar 6/30
Karsch 26

(Inv. Nr. 33/15)

Abb. 141

106 George Grosz (1893-1959)

Feierabend
Blatt 3 der Folge „Gott mit uns" (erschienen 1920)
Photolithographie nach einer Zeichnung von 1919
38,7 x 29,9 cm (ca. 48 x 38,7 cm)
Exemplar 74 (Ausgabe C) von 125
Dückers M III, 3

(Inv. Nr. 554/52)

Abb. 145

107 George Grosz

Licht und Luft dem Proletariat
Blatt 4 der Folge „Gott mit uns" (erschienen 1920)
Photolithographie nach einer Zeichnung von 1919
34,9 x 29,7 cm
Exemplar 74 (Ausgabe C) von 125
Dückers M III, 4

(Inv. Nr. 554/52)

108 George Grosz

Die vollendete Demokratie
Blatt 7 der Folge „Gott mit uns" (erschienen 1920)
Photolithographie nach einer Zeichnung von 1919
44,5 x 30,3 cm
Exemplar 74 (Ausgabe C) von 125
Dückers M III, 7

(Inv. Nr. 554/52)

Abb. 146

109 George Grosz

Die Kommunisten fallen – und die Devisen steigen
Blatt 8 der Folge „Gott mit uns" (erschienen 1920)
Photolithographie nach einer Zeichnung von 1919
30,5 x 45,2 cm (ca. 38,7 x 48 cm)
Exemplar 74 (Ausgabe C) von 125
Dückers M III, 8

(Inv. Nr. 554/52)

Abb. 148

110 George Grosz

Das Gesicht der herrschenden Klasse
Buch, mit Reproduktionen von 55 Zeichnungen von George
Grosz, Berlin, 1. Auflage, Der Malik-Verlag, 1921
S. 12: Vampire der Menschheit
S. 13: Wie der Staatsgerichtshof aussehen sollte
ca. 23,1 x 15,6 cm (Seitenformat)
Malik Nr. 29

(Inv. Nr. 50-1970)

Abb. 144

111 George Grosz

Abrechnung folgt!
Buch, mit Reproduktionen von 57 Zeichnungen von George
Grosz, Berlin, Der Malik-Verlag, 1923
S. 14: Schwimme, wer schwimmen kann, und wer zu schwach
        ist, gehe unter
S. 15: Abrechnung folgt!
ca. 25,2 x 18,7 cm (Seitenformat)
Malik Nr. 75

(Inv. Nr. 75-1971)

Abb. 147

112 George Grosz

Remember (Vergeßt es nicht!)
Blatt 35 des Sammelwerks „Interregnum" (erschienen 1936)

Photolithographie nach einer Zeichnung von 1931
(ausgestellt ist ein Exemplar des 1976 erschienenen
Nachdrucks)
ca. 40,4 x 29,5 cm (Seitenformat)
Dückers S II, 35

(Inv. Nr. 76.2831)

113 Käthe Kollwitz (1867-1945)

Gedenkblatt für Karl Liebknecht, 1919-1920
Holzschnitt
ca. 35,2 x 50 cm (Bildgröße)
Eines von 100 Exemplaren
Klipstein 139 III

Privatsammlung Hans Pels-Leusden, Berlin

Abb. 138

114 Karl Schmidt-Rottluff (1884-1976)

Christus, 1918
Blatt 2 der im Kurt Wolff Verlag, München, erschienenen
Holzschnittmappe
50,2 x 39 cm (66,5 x 51 cm)
Eines von 75 Exemplaren
Schapire 208

(Inv. Nr. 86-62 N)

Abb. 137

115 Ernst Stern (1876-1954)

Die Autos am neunten November
Blatt 2 der Folge „Revolutionstag in Berlin", 1919
Lithographie
36 x 49,5 cm (ca. 51 x 69 cm)
Exemplar 8/60

Ostdeutsche Galerie Regensburg

Abb. 142

116 Ernst Stern

Panik im Lustgarten
Blatt 5 der Folge „Revolutionstag in Berlin", 1919
Lithographie
35 x 53,5 cm
Exemplar 8/60

Ostdeutsche Galerie Regensburg

117 Ernst Stern

Schüsse am Brandenburger Tor
Blatt 6 der Folge „Revolutionstag in Berlin", 1919
Lithographie
36 x 50,5 cm
Exemplar 8/60

Ostdeutsche Galerie Regensburg

Abb. 143

Fotonachweis

Jörg P. Anders, Berlin: Abb. auf dem Umschlag, Abb. 1–11, 13–22, 24–30, 32, 34–36, 40, 42–67, 72, 77, 79, 81, 84, 92, 95, 97–106, 108, 110, 113, 115–117, 119, 121, 123–126, 128–130, 132, 134–137, 139–141, 144–148

Bayerische Staatsgemäldesammlungen/Max Beckmann Archiv, München: Abb. 109

Bildarchiv Preußischer Kulturbesitz, Berlin: Abb. 68–71, 73–76, 78, 80, 82, 83, 85, 86, 88–91, 93

Ursula Edelmann, Frankfurt a. M.: Abb. 111

Hermann Kiessling, Berlin: Abb. 138

Foto Walter Klein, Gerresheim: Abb. 120

Galerie Kornfeld, Bern: Abb. 131

Foto Kraus, Murnau: Abb. 12, 31, 33, 37–39, 41, 96

Photothek des Kupferstichkabinetts SMPK, Berlin: Abb. 107, 112, 122

Karl H. Paulmann, Berlin: Abb. 23

Staatsgalerie Stuttgart, Graphische Sammlung: Abb. 94

Ullstein Bilderdienst, Berlin: Abb. 87

Foto Studio van Santvoort, Wuppertal: Abb. 118

Foto Wagmüller, Regensburg: Abb. 142, 143